파이토치 첫걸음

파이토치 첫걸음

딥러닝 기초부터 RNN, 오토인코더, GAN 실전 기법까지

초판 1쇄 발행 2019년 6월 7일
초판 3쇄 발행 2022년 4월 28일

지은이 최건호 / **펴낸이** 김태헌
펴낸곳 한빛미디어(주) / **주소** 서울시 서대문구 연희로2길 62 한빛미디어(주) IT출판부
전화 02-325-5544 / **팩스** 02-336-7124
등록 1999년 6월 24일 제25100-2017-000058호 / **ISBN** 979-11-6224-189-9 93000

총괄 전정아 / **책임편집** 홍성신 / **기획** 이상복 / **편집** 백지선 / **진행** 홍성신
디자인 김연정 / **전산편집** 백지선
영업 김형진, 김진불, 조유미 / **마케팅** 박상용, 송경석, 한종진, 이행은, 고광일, 성화정 / **제작** 박성우, 김정우

이 책에 대한 의견이나 오탈자 및 잘못된 내용에 대한 수정 정보는 한빛미디어(주)의 홈페이지나 아래 이메일로
알려주십시오. 잘못된 책은 구입하신 서점에서 교환해드립니다. 책값은 뒤표지에 표시되어 있습니다.

한빛미디어 홈페이지 www.hanbit.co.kr / 이메일 ask@hanbit.co.kr

지금 하지 않으면 할 수 없는 일이 있습니다.
책으로 펴내고 싶은 아이디어나 원고를 메일(writer@hanbit.co.kr)로 보내주세요.
한빛미디어(주)는 여러분의 소중한 경험과 지식을 기다리고 있습니다.

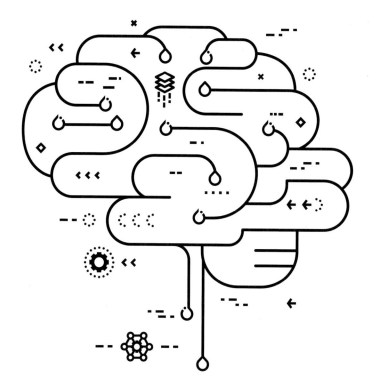

파이토치 첫걸음

최건호 지음

한빛미디어
Hanbit Media, Inc.

지은이 소개

지은이 **최건호** ghc0311@gmail.com

딥러닝 엔지니어. 연세대학교 컴퓨터과학과 및 경영학과를 졸업하고 라프텔, 딥바이오, 토모큐브에서 인공지능 연구원으로 근무했다. 또한 패스트캠퍼스, SK플래닛, T아카데미, 인터파크에서 파이토치를 사용한 인공지능 강의를 진행했다. 지금까지 7편의 논문에 참여했으며 파이토치 코리아(*www.facebook.com/groups/PyTorchKR*) 운영진으로 활동하고 있다.

이 책은 어디서부터 어떻게 딥러닝 공부를 시작해야 할지 막막한 분들을 대상으로 합니다. 저 역시 처음에 공부할 때는 한국어로 된 서적이나 블로그가 없었기 때문에 굉장히 막막했지만, 다행히도 영어로 된 강의와 설명을 어느 정도 이해할 수 있어 공부를 계속할 수 있었다고 생각합니다. 공부를 하면서 이해가 안 돼서 답답했던 적도 많고, 누군가가 이 개념은 쉽게 말하면 이런 것이고 저 논문은 저런 원리로 된 것이라고 설명해주면 좋겠다고 혼자 생각하기도 했습니다.

그래도 계속하다 보니 처음엔 아예 이해가 안 됐던 논문들도 이해가 되기 시작했습니다. 그래서 제대로 이해한 게 맞는지, 진짜 작동하는지 확인해보기 위해 코드를 짜기 시작했습니다. 꾸준히 공부를 하다 보니 어느새 딥러닝 연구원으로 취직도 하게 되었고 깃허브에 올린 튜토리얼 코드가 스타 100개를 넘기기도 했습니다. 그러던 중 예전의 저와 같이 공부를 처음 시작하시는 분들이 딥러닝의 개념을 쉽게 이해하고, 각자의 분야에 맞게 사용할 수 있도록 성장하는 과정에 도움이 되었으면 하는 마음으로 이 책을 집필하게 되었습니다.

이 책은 독자들이 파이썬을 어느 정도 다루어봤다는 전제하에 작성했기 때문에 파이썬 언어 자체의 문법에 대해서는 간략히 설명하고 넘어가거나 생략한 부분이 많습니다. 대신 딥러닝에 대해서는 하나하나 자세히 다루며, 어떠한 모델이나 개념이 나온 배경과 한계, 실제 적용되는 사례를 최대한 설명하려 노력했습니다. 책의 구성은 다음과 같습니다.

이 책의 구성

1장 딥러닝에 대하여에서는 딥러닝의 정의 및 최근에 각광받게 된 배경과 배워야 하는 이유에 대해 간략히 설명하고 또한 이것으로 무엇을 할 수 있는지에 대해 다룹니다.

2장 파이토치에서는 페이스북 인공지능 연구팀에서 만든 프레임워크인 파이토치에 대하여 소개하고 다른 프레임워크와의 비교를 통해 어떠한 장점과 단점이 있는지 다룹니다. 또한 간단한 설치 방법도 소개하겠습니다.

3장 선형회귀분석에서는 파이토치에서 텐서를 사용하는 법과 변수 생성 및 모델 구현, 비용 계산 및 최적화를 위한 경사하강법에 대해 다룹니다. 이를 통해 선형 회귀분석 모델을 구현해보고 학습 및 결과를 확인해보겠습니다.

4장 인공 신경망에서는 생물학적 신경망과 이를 모방한 인공 신경망에 대해 소개하고 이를 구성하는 요소들을 살펴보겠습니다. 그리고 딥러닝 공부 초반에 많은 분들이 헷갈려하는 전파와 역전파에 대해 자세히 다룹니다. 인공 신경망 모델을 직접 구현하여 학습이 되는지 확인해봅니다.

5장 합성곱 신경망에서는 인공 신경망이 다시 주목을 받는 데 큰 역할을 한 합성곱 신경망에 대해 설명하겠습니다. 기존의 인공 신경망으로 해결하지 못하던 문제를 어떤 방식으로 극복했는지, 합성곱 연산 과정, 풀링, 패딩 및 일반적인 모델 구조에 대해서 살펴보고 이를 구현하여 성능을 확인해보겠습니다. 그리고 최근 몇 년간 주목받았던 모델들을 간략하게 설명하겠습니다.

6장 순환 신경망에서는, 기존의 신경망에서 하나의 데이터 또는 하나의 사진을 보고 예측을 했던 것과 달리 순서가 있거나 시간의 흐름이 있는 데이터를 다룰 때 사용되는 순환 신경망에 대해 소개하겠습니다. 이를 사용하여 글자 사이의 패턴을 학습하여 특정 문체를 모방하는 모델을 구현해보겠습니다. 또한 기본적인 순환 신경망이 가지는 한계를 극복하기 위해 나온 LSTM, GRU 모듈에 대해 알아보겠습니다.

7장 학습 시 생길 수 있는 문제점과 해결 방안에서는 모델을 학습시키면서 생기는 다양한 문제들과 이에 대한 해결책으로 나왔던 기법들에 대해 소개합니다. 모든 문제가 완벽히 해결되는 것은 아니지만 어떻게 하면 정확도를 높이고 빠르게 학습시킬 수 있을지에 대해 다루겠습니다.

8장 뉴럴 스타일 트랜스퍼에서는 2015년 신선한 결과물로 주목을 받았던 스타일 트랜스퍼에 대해 소개하고 이를 구현해보겠습니다. 또한 미리 학습된 모델을 각자의 목적에 맞게 활용하는 전이학습에 대해 알아볼 것입니다.

9장 오토인코더에서는 오토인코더의 원리 및 학습 방법에 대해 알아보고 여기에 합성곱 연산을 합친 합성곱 오토인코더를 구현해보겠습니다. 이 과정에서 전치 합성곱의 원리를 소개합니다. 또한 오토인코더의 변형된 모습이라고 할 수 있는 시맨틱 세그멘테이션 모델도 간단히 다룹니다.

10장 생성적 적대 신경망에서는 최근 많은 연구가 진행되고 있는 생성적 적대 신경망 모델의 기본적인 학습 원리를 소개하고 이를 구현해보겠습니다. 또한 생성적 적대 신경망 모델의 장점 및 단점에 대해 생각해보고 다양한 형태의 생성적 적대 신경망 모델에 대해 알아보겠습니다.

이 책에 사용한 모든 예제 코드는 코랩 폴더(*http://bit.ly/2U7ttYT*)에서 다운로드할 수 있습니다

CONTENTS

CHAPTER 1   딥러닝에 대하여

CHAPTER 2   파이토치

CHAPTER 3   선형회귀분석

CONTENTS

CHAPTER 7   학습 시 생길 수 있는 문제점과 해결 방안

CHAPTER 8   뉴럴 스타일 트랜스퍼

CHAPTER 9 　오토인코더

CHAPTER 10 　생성적 적대 신경망

딥러닝에 대하여

1.1 딥러닝이란 무엇인가

2016년 3월, 알파고와 이세돌의 경기로 인해 인공지능이라는 단어가 한순간에 전국민이 사용하는 단어가 되었습니다. 또한 인공지능은 자율주행차, 사물 인터넷, 챗봇 같은 혁신 기술 중 핵심으로 관심을 받고 있습니다. 이러한 인공지능 발전의 중심에는 **딥러닝**deep learning이 있습니다. 알파고를 비롯해 사물 인식 모델에도 전부 딥러닝 방식이 사용되고 있습니다.

딥러닝에 대해 알아보려면 먼저 딥러닝이 속한 머신러닝에 대해 이해하고 또한 머신러닝을 포함하고 있는 인공지능이라는 넓은 개념에 대해서도 짚고 넘어갈 필요가 있습니다.

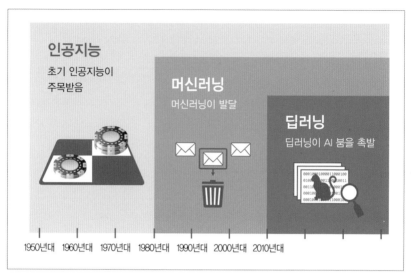

인공지능, 머신러닝, 딥러닝의 관계

인공지능 문제들을 푸는 방법 중 하나로 머신러닝이라는 접근 방식이 있었고, 머신러닝적 접근 중 한 가지로 딥러닝이 있다고 이해하면 쉽습니다. 위키피디아에서 '인공지능'을 검색해보면 기계가 인간의 인지 과정을 모방하는 것을 인공지능이라고 정의하는데, 이러한 인지 과정의 예시로 학습과 문제 해결이 있습니다. 한편, 머신러닝의 정의를 찾아보면 명시적으로 프로그래밍되지 않은 상태에서 기계에게 학습할 능력을 부여하는 것을 의미한다고 나옵니다. 정렬 알고리즘을 예시로 들면 해당 알고리즘의 모든 과정을 상황마다 코드로 짜놓고 데이터가 들어오면 코드대로 정렬되는 것이 명시적으로 프로그래밍되었다는 뜻입니다. 이에 비해 머신러닝에서는 데이터와 결괏값이 주어지면 함수의 각 변수가 데이터에 의해 학습되어 스스로 적합한 값을 찾습니다.

머신러닝 알고리즘에는 널리 알려진 것만 해도 서포트 벡터 머신, k-최근접 이웃 알고리즘, 결정 트리, 인공 신경망 등 다양한 방법이 있는데, 딥러닝에서 사용되는 '심층 신경망'은 이 중 인공 신경망에 속합니다. 심층 신경망은 인공 신경망에서 은닉층의 개수가 1개 이상인 네트워크를 의미하며 머신러닝의 주요한 세 분야인 지도학습, 비지도학습, 강화학습에 모두 사용되고 있습니다.

이 세 분야에 대해서 간단히 설명하겠습니다. 우선 **지도학습**supervised learning은 데이터와 각각에 해당하는 정답 쌍이 존재할 때 데이터와 정답 간의 상관관계를 모델링하는 방식입니다. 어떤 사진이 주어질 때 이 사진이 강아지 사진인지 고양이 사진인지 구분하는 문제가 대표적인 예시이고, 누군가 미리 구분해놓은 어떤 패턴을 기계가 배우는 방식이라고 할 수 있습니다. **비지도학습**unsupervised learning은 데이터만 있고 정답이 존재하지 않는 상황에서 데이터에 숨겨진 특정 패턴을 찾는 과정이라고 할 수 있습니다. 대표적으로 군집화 알고리즘이 이에 포함됩니다. 마지막으로 **강화학습**reinforcement learning은 특정 환경에서 어떤 행동을 했을 때 결과로 얻어지는 보상을 통해 학습하는 알고리즘으로, 최종 보상을 극대화하도록 학습하는 방식입니다. 바둑으로 예를 들면, 어디에 다음 수를 두는 것이 최종적으로 승리할 수 있을지에 따라 선택을 하고, 그 선택으로 주어진 새로운 환경에서 또다시 선택을 하는 과정이라고 볼 수 있습니다(최근에는 보상을 사용하지 않는 강화학습 논문도 나와서 꼭 보상이 존재해야 하는 것은 아닙니다).

딥러닝이 각광받은 것은 최근이지만 사실 아이디어 자체는 1960~70년대부터 존재해왔습니다. 그렇다면 왜 최근 들어 이렇게 뜬 것일까요? 기존 신경망 알고리즘에서의 개선도 있었지만 데이터와 연산 능력의 향상이 큰 이유였다고 볼 수 있습니다. 비록 데이터와 라벨이 세트로 함께 있는 정제된 데이터까지는 아니더라도 인터넷에 공개된 각종 데이터에 접근하는 것이 용이해졌습니다. 유명한 이미지넷 대회(ILSVRC)도 인터넷에 공개된 이미지들을 모으고 라벨을 붙이는 과정으로 시작되었으며 결과적으로 공통의 데이터로 더 나은 모델을 만들기 위해 연구가 발전해나가게 되었습니다. 또한 과거의 컴퓨터 연산 속도로는 감당할 수 없었던 딥러닝 연산 과정이, 오늘날 향상된 GPU를 통한 연산이 가능해짐으로써 딥러닝이 재조명받을 수 있었습니다.

1.2 왜 배워야 하는가

최근 딥러닝, 인공지능이라는 단어가 좀 과열된 것은 아닌가 할 정도로 많은 분야에서 사용되고 있습니다. 과연 딥러닝이 어떠한 가능성이 있기 때문에 배워야 하는 것일까요?

기존에 컴퓨터를 사용하여 풀었던 문제들은 주로 컴퓨터에게는 쉽지만 인간에겐 어려운 문제들이었습니다. 백만 개의 숫자를 더하고 곱하고 하는 연산은 사람도 할 수는 있지만 많은 시간과 노력이 필요합니다. 반면 컴퓨터는 이런 연산을 쉽고 빠르게 할 수 있었습니다. 이에 비해 사람은 너무나 쉽고 자연스럽게 물체를 보고 인지하고, 감각적으로 얻은 자극을 종합하여 사고할 수 있지만, 기존 컴퓨터 알고리즘은 이런 면에서는 사람의 수준을 따라올 수 없었습니다.

이에 비해 딥러닝 모델들은 기존 알고리즘으로 풀기 어려웠던 문제들, 사람에겐 쉽지만 컴퓨터에겐 어려웠던 문제들을 풀어나가고 있습니다. 알파고는 바둑이라는 문제를 풀어냈고, 이미지를 보고 물체를 인식하는 이미지넷 대회 결과들도 이미 인간의 정확도를 능가했습니다. 이러한 딥러닝 모델들이 사람을 대신해도 문제가 되지 않을 때가 오고 있습니다. 게다가 기계는 피곤해서 실수하는 일이 없기 때문에 기업의 이익 추구 관점에서 본다면 기계로 사람을 대체하는 게 합리적인 결정일 것입니다. 자율주행 자동차를 예로 들면 신호나 도로의 상황 등을 인식하여 어느 정도 속도로 어디로 이동하고 등을 스스로 결정하므로, 안정성만 제대로 입증된다면 택시 기사나 운전사는 직업을 잃게 될 것입니다. 다른 일들도 예외가 아닙니다. 기존 방식으로 주어진 문제만 풀려고 하다 보면 어느새 기계에게 밀려날 수도 있는 것입니다.

1.3 무엇을 할 수 있는가

딥러닝 기술이 해결해나가고 있는 문제 중 대표적인 것은 물체의 인식 문제입니다. 2012년 딥러닝을 이용한 모델이 기존 방법들과 많은 차이를 보이며 이미지넷 대회 1위를 달성한 이래, 매년 많은 팀이 더 나은 결과를 내려고 시도했고 실제로 매년 향상이 있었습니다. 결과적으로 2012년 16.4%였던 오차율은 2017년에 2.25%로 줄어들었으며, 인간의 오차율이 5% 정도 된다는 실험 결과에 비춰보면 이미 인간을 넘어섰다고 할 수 있습니다.

이러한 사물 인식을 시작으로 많은 것을 할 수 있습니다. 한 예를 들자면 물체를 구분하는 것을 넘어서 위치와 경계선 또한 구할 수 있습니다. 그렇게 되면 시야에 들어오는 물체들을 인식하고 어떠한 행동을 해야 할지 결정을 내릴 수도 있고 물체들의 이동 패턴을 배울 수도 있을 것입니다. 또한 보이는 이미지와 언어를 결합하여 하나의 장면을 글로 묘사하는 일도 가능합니다. 이를 이미지 캡셔닝image captioning이라고 합니다. 데이터를 하나의 이미지에서 영상으로 바꾼다면 그 영상을 묘사하는 글을 쓸 수도 있겠죠. 운동 경기 중계같이 사실 위주로 묘사되는 경우는 충분히 대체 가능하다고 생각합니다. 이외에도 의료, 게임, 보안, 금융 등등 모든 분야에 적용될 수 있습니다.

CHAPTER 2

파이토치

2.1 파이토치는 무엇이고 왜 써야 하는가

파이토치^{PyTorch}는 2017년 초에 공개된 딥러닝 프레임워크로 개발자들과 연구자들이 쉽게 GPU를 활용하여 인공 신경망 모델을 만들고 학습시킬 수 있게 도와줍니다. 파이토치의 전신이라고 할 수 있는 토치^{Torch}는 루아 프로그래밍 언어로 되어 있었지만, 파이토치는 파이썬으로 작성되어 파이썬의 언어 특징을 많이 가지고 있습니다.

파이토치는 페이스북의 인공지능 연구팀^{AI Research} 멤버들이 주로 관리하며, 독자적으로 운영되는 파이토치 포럼은 사람들이 질문을 올리면 프레임워크 개발자를 비롯한 많은 사람이 답을 해주는 등 활발히 교류가 일어나고 있습니다.

파이토치 공식 사이트(*https://pytorch.org*)

파이토치는 텐서플로 등 다른 프레임워크에 비해 여러 장점이 있는데, 이는 곧
살펴보겠습니다. 오픈에이아이^{OpenAI}에서 근무하다가 현재는 테슬라에서 일하고
있는 안드레이 카파시^{Andrej Kaparthy}는 파이토치를 쓰게 된 후 얼마나 몸과 마음이
건강해졌는지 트윗을 쓰기도 했습니다.

안드레이 카파시의 파이토치 사용 후기(*https://twitter.com/karpathy/status/8681789540325*
13024)

오픈에이아이는 2015년 말 일론 머스크가 세운 비영리 인공지능 연구소로 세계적으로 인정받는 연구자들이 있는 회사입니다. 따라서 매우 다양한 모델과 프레임워크를 써봤을 텐데, 그중 파이토치가 가장 편리하다고 말할 정도면 파이토치가 확실히 장점이 있다는 것을 알 수 있습니다.

2.2 다른 프레임워크와의 비교

사실 처음 딥러닝을 접하는 분들에게는 파이토치에 이러이러한 장점이 있다고 설명해도 와닿기 어렵습니다. 먼저 파이썬에서 많이 쓰이는 넘파이^{NumPy} 라이브러리와 파이토치를 비교해보고, 현재 많은 사람이 사용하는 다른 딥러닝 프레임워크 텐서플로^{TensorFlow}와의 비교를 통해 파이토치의 장점을 설명해보겠습니다.

먼저 넘파이만을 사용한 경우와 파이토치 프레임워크를 사용한 경우를 비교해봅시다. x, y, z 세 변수에 대해 학습하는 간단한 예를 생각해보면 기울기를 계산하기 위해 연산 그래프를 쭉 따라서 미분을 해야 합니다. 이때 넘파이만을 사용한다면 모든 미분 식을 직접 계산하고 코드로 작성해야 하므로 변수 하나당 두 줄씩 여섯 줄이 필요합니다. 반면 파이토치를 사용하면 이 과정을 자동으로 계산해주기 때문에 backward()라는 함수를 한 번 호출해주면 계산이 끝납니다.

또한 넘파이를 사용하는 것과 파이토치 프레임워크를 사용하는 것에는 또 하나의 큰 차이가 있습니다. 바로 GPU를 통한 연산 가능 여부입니다. 넘파이만으로는 GPU로 값들을 보내 연산을 돌리고 다시 받는 것이 불가능합니다. 이에 비해 파이토치는 내부적으로 CUDA, cuDNN이라는 API를 통해 GPU를 연산에 사용할 수 있고, 이로 인해 생기는 연산 속도의 차이는 엄청납니다. **CUDA**는 엔비디아가 GPU를 통한 연산을 가능하게 만든 API 모델이며, **cuDNN**은 CUDA를 이용해 딥러닝 연산을 가속해주는 라이브러리입니다.

병렬 연산에서 GPU의 속도는 CPU의 속도보다 월등히 빠르며 이 차이는 지속적으로 벌어지고 있습니다. CUDA와 cuDNN을 둘 다 사용하면 연산 속도가 CPU의 15배 이상이 된다고 알려져 있습니다. CPU로 한 달 걸릴 연산을 이틀이면 할 수 있는 셈입니다. 심층 신경망을 만들 때 함수 및 기울기 계산, 그리고 GPU를 이용한 연산 가속 등의 장점이 있기 때문에 딥러닝 개발 시 프레임워크의 사용은 필수라고 할 수 있습니다.

널리 알려진 텐서플로와 파이토치를 비교해보면 어떨까요? 텐서플로와 파이토치는 둘 다 연산에 GPU를 이용하는 프레임워크입니다. 하지만 텐서플로는 연산 그래프를 먼저 만들고 실제 연산할 때 값을 전달하여 결과를 얻는 'Define and Run' 방식이고, 파이토치는 그래프를 만듦과 동시에 값이 할당되는 'Define by Run' 방식입니다. 텐서플로의 '그래프를 먼저 정의하고 세션에서 실제로 값을 집어넣어 결과를 도출'하는 패러다임은 사람에 따라 직관적으로 받아들이기 어려울 수 있고, 그래프를 정의하는 부분과 이를 돌리는 부분이 분리되기 때문에 전체적으로도 코드 길이가 길어지게 됩니다. 반면 파이토치는 연산 그래프를 정의하는 것과 동시에 값도 초기화되어 연산이 이루어지는 'Define by Run'이므로 연산 그래프와 연산을 분리해서 생각할 필요가 없습니다.

또한 연산 속도에서도 차이가 있습니다. 연산 그래프를 고정해놓고 값만 전달하는 텐서플로가 더 빠른 환경도 있을 수 있겠지만, 텐서플로 깃허브에 올라온 이슈에 따르면 실험에 많이 사용되는 모델로 벤치마킹한 결과 파이토치가 텐서플로보다 2.5배 빠른 결과가 나왔다고 합니다.[1] 이슈를 올린 사람이 실험 환경을 공개하여 다른 사람들이 같은 코드로 실험한 결과 역시 파이토치가 빠르게 나왔습니다. 모델마다, 사용한 함수마다 차이는 있겠지만 파이토치는 전반적으로 속도 면에서 텐서플로보다 빠르거나, 적어도 밀리지는 않는다고 할 수 있습니다.

---

1 *https://github.com/tensorflow/tensorflow/issues/7065*

텐서플로가 1년 정도 먼저 딥러닝이 뜨기 시작할 때 발표되어 사용자가 많은 것은 사실입니다. 이에 비해 파이토치는 뒤늦게 사람들에게 알려지고 있는 상태입니다. 텐서플로는 자체적으로 운영하는 포럼이 없고 구글 그룹도 편리하게 정리되어 있지는 않습니다. 반면 파이토치는 자체 운영 포럼이 있어서 질문을 올리면 파이토치 개발자들이 직접 답변을 달아주기도 합니다. 한국 커뮤니티를 보면 텐서플로는 Tensorflow-KR, 파이토치는 PyTorch-KR 페이스북 그룹이 있으며, 많은 사람이 질문을 올리거나 유용한 팁을 공유하고 있습니다.

2.3 설치하는 법

설치하는 법은 각자의 컴퓨터 사양과 운영체제에 따라 다르겠지만, AWS, 애저, 구글 클라우드 등에 많이 사용되는 테슬라^{Tesla} K80 GPU가 있는 우분투 서버를 기준으로 설명하겠습니다. 파이토치를 GPU와 함께 사용하기 위해 파이썬, CUDA, cuDNN 순서로 설치하고, 마지막으로 파이토치를 설치할 것입니다. 이때 서버를 다른 용도로 사용할 수도 있기 때문에 아나콘다의 가상환경 설정 프로그램을 통해 특정 이름의 환경을 활성화했을 때만 앞에서 정한 환경이 적용되게 할 것입니다.

이하 설치 과정이 복잡하게 느껴진다면 구글 코랩$^{Google\ Colaboratory}$을 사용해도 좋습니다. 구글 코랩을 이용하면 CUDA, cuDNN, 파이토치가 이미 설치되어 있으므로 추가로 뭔가를 설치할 필요는 없습니다. 코랩에서는 셸 명령어를 입력할 때 맨 앞에 !를 붙인다는 점만 기억하면 됩니다.

아나콘다 설치

우선 아나콘다 사이트(*https://www.anaconda.com*)에 접속해서 'Linux'를 선택하고 파이썬 3.x 버전 설치 파일의 링크 주소를 복사합니다(Download 버튼

을 우클릭하고 '링크 주소 복사' 등을 선택합니다). 집필 시점에서 파이썬 최신
버전은 3.7입니다.

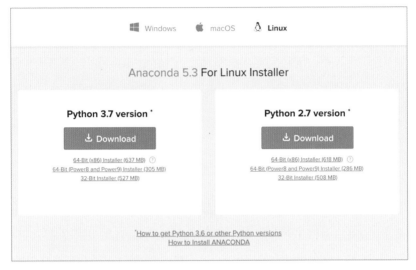

아나콘다 사이트 리눅스 인스톨러 다운로드 화면

복사한 주소를 wget 명령으로 다운로드하고, 다운로드가 완료되면 bash 명령어
로 설치합니다. 예를 들어 다음과 같이 입력하여 설치할 수 있습니다.

```
wget https://repo.anaconda.com/archive/Anaconda3-5.3.1-Linux-x86_64.sh
bash Anaconda3-5.3.1-Linux-x86_64.sh
```

설치 과정에서 묻는 질문들에는 yes를 선택합니다. 설치 이후에 conda list라
는 명령어를 한번 쳐보고 실행이 안 되면 경로 지정이 안 된 것이기 때문에 다음
과 같이 입력해 환경변수를 추가합니다.

```
export PATH=/home/ubuntu/anaconda3/bin:$PATH
source .bashrc
```

다시 conda list를 입력해봅니다. 실행이 잘 된다면 이제 pytorch라는 이름의 가상 환경을 만듭시다.

```
conda create -n pytorch python=3.7
source activate pytorch
```

첫 번째 명령어는 파이썬 3.7 버전을 사용하는 pytorch라는 이름의 가상환경을 만들고, 두 번째는 이를 활성화하는 명령어입니다.

CUDA 설치

이 상태에서 CUDA를 설치합니다. 설치 명령어는 다음과 같습니다. 집필 시점에서 최신인 10.0을 예로 들었습니다. MS에서 이를 잘 정리한 문서가 있으니 참고하면 좋습니다(*https://docs.microsoft.com/en-us/azure/virtual-machines/linux/n-series-driver-setup*).

```
lspci | grep -i NVIDIA
CUDA_REPO_PKG=cuda-repo-ubuntu1604_10.0.130-1_amd64.deb
wget -O /tmp/${CUDA_REPO_PKG}
http://developer.download.nvidia.com/compute/cuda/repos/ubuntu1604/
x86_64/${CUDA_REPO_PKG}
sudo dpkg -i /tmp/${CUDA_REPO_PKG}
sudo apt-key adv --fetch-keys
http://developer.download.nvidia.com/compute/cuda/repos/ubuntu1604/x86_64/7fa2af80.pub
rm -f /tmp/${CUDA_REPO_PKG}
sudo apt-get update
sudo apt-get install cuda-drivers
sudo apt-get install cuda
```

끝으로 sudo reboot 등으로 재부팅합니다. nvcc --version 명령으로 설치된 CUDA 버전을 확인할 수 있습니다.

cuDNN 설치

cuDNN은 엔비디아 개발자 사이트(*https://developer.nvidia.com/cudnn*) 에 접속한 뒤, 회원이 아니면 가입을 한 다음에 다운받을 수 있습니다. 지메일 등과 연동이 가능하며 이메일 인증과 간단한 정보만 입력하면 쉽게 가입할 수 있으므로 자세히 설명하지는 않겠습니다.

가입 완료 후 설문조사에 참여하면 cuDNN 다운로드 페이지(*https:// developer.nvidia.com/rdp/cudnn-download*)에 접속이 가능해집니다. 이 페이지에서 우분투용 런타임 라이브러리 인스톨러 파일을 다운로드하고 다음과 같이 설치합니다. CUDA 10.0용 7.4.1.5 런타임 라이브러리 파일명인 *libcudnn7_7.4.1.5-1+cuda10.0_amd64.deb*를 예로 들었습니다.

```
sudo dpkg -i libcudnn7_7.4.1.5-1+cuda10.0_amd64.deb
```

더 자세한 설치 방법은 엔비디아의 공식 문서를 참고합니다(*https://docs. nvidia.com/deeplearning/sdk/cudnn-install*). 설치된 cuDNN 버전은 터미널에서 다음 명령어로 확인이 가능합니다.

```
cat /usr/include/x86_64-linux-gnu/cudnn_v*.h | grep CUDNN_MAJOR -A 2
```

파이토치 설치

이제 드디어 파이토치를 설치할 차례입니다. 파이토치 공식 사이트(*https:// pytorch.org/get-started/locally*)를 참고해서 conda install 명령으로 설치합니다. CUDA 10.0을 사용한다고 가정했습니다.

```
conda install pytorch torchvision cuda100 -c pytorch
```

설치가 완료된 이후에는 터미널에서 **python**을 입력해 파이썬을 실행한 다음,
다음과 같이 입력하여 잘 동작하는지 확인합니다.

```
python
>>> import torch
>>> cpu_tensor = torch.zeros(2,3)
>>> device = torch.device("cuda:0")
>>> gpu_tensor = cpu_tensor.to(device)
>>> print(gpu_tensor)
```

오류가 나지 않고 뭔가 결과가 나왔다면 GPU를 사용할 수 있게 제대로 설치가
된 것입니다.

CHAPTER 3

선형회귀분석

3.1 선형회귀분석이란 무엇인가

선형회귀분석은 간단히 설명하면 주어진 데이터를 가장 잘 설명하는 직선 하나를 찾는 것이라고 할 수 있습니다. 하나의 독립변수에 대하여 선형회귀분석을 하면 **단순선형회귀**^{simple linear regression}라고 하고 독립변수가 여러 개인 경우에는 **다중선형회귀**^{multivariate linear regression}라고 합니다. 다음 그림과 같이 단순선형회귀분석을 한다는 것은 x와 y라는 데이터가 주어졌을 때, $y = w \times x + b$라는 직선의 방정식에서 데이터를 가장 잘 표현하는 변수 w와 b를 찾는다는 뜻입니다.

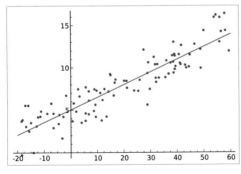

선형회귀

이때 w와 b는 **가중치**weight와 **편차**bias를 각각 한 문자로 표현한 것입니다. 중학교 수학 용어로 설명하면 가중치는 기울기, 편차는 절편입니다.

3.2 손실 함수 및 경사하강법

'가장 잘' 표현한다는 말에는 비교가 가능하다는 뜻이 깔려 있습니다. 즉 어떤 w, b 쌍에 대해서 데이터와 얼마나 잘 맞는지 수치적으로 계산을 할 수 있어야 하는데, 이때 사용되는 척도 중 대표적인 것으로 **평균제곱오차**mean squared error(MSE)가 있습니다. n개의 예측값 $\hat{y}$이 있고 주어진 데이터 값을 y라고 할 때, 평균제곱오차 식은 다음과 같습니다.

$$\mathrm{MSE} = \frac{1}{n} \sum_{i=1}^{n} (\hat{y} - y)^2$$

이 식을 해석해보면 예측한 값과 실제 데이터 값과의 차이를 제곱하여 평균을 낸다는 것입니다. $\hat{y}$은 w와 b에 의해서 정해지기 때문에 w, b 쌍들을 비교하는 것이 가능해집니다. 비교가 가능해졌기 때문에 이제 목표는 지정한 척도인 평균제곱오차를 최소화하는 w, b를 찾는 문제가 되었습니다. 어떻게 하면 최적의 w, b를 찾을 수 있을까요?

무작위로 w와 b를 뽑아서 그중 오차가 가장 작은 것을 고를 수도 있겠지만 이는 w, b의 가능한 모든 범위에서 찾아야 하기 때문에 비효율적이고, 올바른 방법이 아니라고 할 수 있습니다. 오차는 예측값과 목푯값의 차이이며, 이를 나타내는 것이 **손실 함수**loss function(또는 **비용 함수**cost function)입니다. 여기서 예측값은 w와 b에 의해 구해지므로 이러한 관계를 통해 최적의 w, b를 찾는 방법을 생각해볼 수 있습니다. 다음은 MSE를 손실 함수로 사용했을 때(이를 **L2 손실**L2 loss 함수라고 부릅니다)변수 w에 대한 오차를 나타낸 것입니다.

$$\text{Error} = \frac{1}{n} \sum_{i=1}^{n} \left(w \times x + b - y \right)^2$$

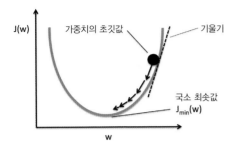

경사하강법(J는 손실 함수, w는 가중치)

그림에서 볼 수 있듯 수식은 w에 대해서 2차 함수입니다. 이런 상황에서 오차를 최소화하는 w를 찾는 게 우리의 목적인데 딱 보기에는 그냥 w로 미분해서 그 값이 0인 지점을 찾으면 되지 않나 하는 생각이 들 수 있습니다. 수식적으로 이러한 지점을 구할 수 있기 때문에 더 좋은 방법이라고 생각될 수도 있습니다.

하지만 최적의 w를 구하려면 $w = (x^T x)^{-1} x^T y$ 라는 식을 풀어야 합니다. 이 방법은 수식에서도 유추할 수 있듯이 데이터 크기가 커질수록 복잡도가 $O(n^3)$으로 증가하기 때문에 많은 데이터를 사용하는 딥러닝 모델들에서는 계산이 비효율적이고 확장성이 좋지 않습니다.

따라서 대부분 딥러닝 모델에서는 **경사하강법**gradient descent이라는 방법을 사용합니다. 여기서 말하는 '경사'란 **기울기**gradient로서 미분 값을 의미하고, 미분 값이라는 것은 그림에서 볼 수 있듯이 순간적인 기울기를 의미합니다. 주어진 w에서 경사를 구하고 이를 통해 지속적으로 w를 업데이트함으로써 오차의 극솟값을 찾을 수 있는데 식으로 표현하면 다음과 같습니다.

$$w_{t+1} = w_t - gradient \times learning\ rate$$

이 식에서 **학습률**learning rate이라는 새로운 개념이 나옵니다. 학습률은 계산한 기울기에 비례하여 변수인 w를 얼마만큼 업데이트할지 결정하는 수치라고 보면 됩니다. 예를 들어 w_t 가 3이었고 이때의 기울기가 2, 학습률이 0.5라면 w_{t+1} 는 $3 - 2 \times 0.5 = 2$ 로 업데이트됩니다. w가 점점 오차가 최소인 지점(최솟값)에 가까워질수록 기울기는 작아지기 때문에 점점 적게 업데이트되고 최종적으로는 오차를 최소화하는 w로 수렴하게 됩니다.

3.3 파이토치에서의 경사하강법

선형회귀를 아주 간단하게만 설명했습니다. 파이토치를 이용하여 앞서 설명한 선형회귀분석을 하기 위해서는 우선 파이토치에서 연산 그래프를 만들고 경사를 계산하는 방식을 이해할 필요가 있습니다. 파이토치에서는 데이터의 기본 단위로 **텐서**tensor라는 것을 사용합니다. 텐서는 다차원 배열(array)이라고 정의할 수 있습니다.

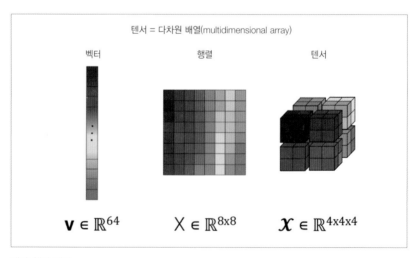

벡터, 행렬, 텐서

즉 텐서는 n차원의 배열을 전부 포함하는 넓은 개념이고 파이토치는 이러한 텐서를 기본 연산의 단위로 사용합니다. 텐서를 생성하는 방법에는 여러 가지가 있는데 가장 단순하게는 다음과 같이 만들 수 있습니다.

```python
import torch
X = torch.Tensor(2, 3)
```

앞의 코드를 실행시키면 1행에서는 파이토치 프레임워크를 불러오고 2행에서는 X라는 변수에 파이토치 텐서를 하나 생성해서 지정하는데 이때 텐서의 모양(형태)^{shape}은 2×3입니다. 텐서 안 원소에는 임의의 난수가 들어가게 됩니다. 텐서를 생성하면서 원하는 값으로 초기화하려면 인수로 배열을 전달합니다.

```python
X = torch.tensor([[1, 2, 3], [4, 5, 6]])
```

이처럼 값의 배열을 전달해주면 2×3 텐서가 생성되며 그 값들이 배열에 있는 인수들로 초기화됩니다. torch.tensor 함수는 인수로 data, dtype, device, requires_grad 등을 받습니다. data에는 앞서 본 것처럼 배열이 들어가고, dtype에는 데이터를 저장할 자료형이 들어갑니다. 자료형은 다음 표와 같이 다양한데, 기본값은 FloatTensor입니다. 또한 GPU용 텐서 자료형도 지원합니다.

자료형	CPU 텐서	GPU 텐서
32비트 부동소수점	torch.FloatTensor	torch.cuda.FloatTensor
64비트 부동소수점	torch.DoubleTensor	torch.cuda.DoubleTensor
16비트 부동소수점	torch.DoubleTensor	torch.cuda.HalfTensor
8비트 정수(부호 없음)	torch.ByteTensor	torch.cuda.ByteTensor
8비트 정수(부호 있음)	torch.CharTensor	torch.cuda.CharTensor
16비트 정수(부호 있음)	torch.ShortTensor	torch.cuda.ShortTensor
32비트 정수(부호 있음)	torch.IntTensor	torch.cuda.IntTensor
64비트 정수(부호 있음)	torch.LongTensor	torch.cuda.LongTensor

이어서 device는 이 텐서를 어느 기기에 올릴 것인지를 명시합니다. 마지막으로 requires_grad는 이 텐서에 대한 기울기를 저장할지 여부를 지정합니다. 기본값은 False인데 명시적으로 지정하려면 예를 들어 다음과 같이 씁니다.

```
x_tensor = torch.tensor(data=[2.0, 3.0], requires_grad=True)
```

이렇게 생성한 텐서를 가지고 연산 그래프를 생성하면 연산 그래프는 어떠한 결과를 산출할 것입니다. 앞에서 설명한 대로 결괏값과 목푯값의 차이가 곧 오차이고 이 오차에 경사하강법을 지정한 횟수만큼 반복하면 변수 w, b가 오차를 감소시키는 방향으로 변하는 것을 확인할 수 있습니다. 우선 기울기를 계산하는 코드 예는 다음과 같습니다.

```
import torch

x = torch.tensor(data=[2.0,3.0],requires_grad=True)
y = x**2
z = 2*y +3

target = torch.tensor([3.0,4.0])
loss = torch.sum(torch.abs(z-target))
loss.backward()

print(x.grad, y.grad, z.grad)
```

이 코드는 $z = 2x^2 + 3$ 이라는 식에서 x에 대한 기울기를 구하는 단순한 코드입니다. 먼저 x라는 텐서를 생성하며 기울기를 계산하도록 지정했고, 따라서 z라는 변수에 연산 그래프의 결괏값이 저장됩니다. z와 목푯값인 target의 절댓값 차이를 계산하고 torch.sum()이란 함수를 통해 3×4 모양이었던 두 값의 차이를 숫자 하나로 바꿉니다. 그다음 loss.backward() 함수를 호출하면 연산 그래프를 쭉 따라가면서 잎 노드^{leaf node} x에 대한 기울기를 계산합니다. 여기서 말하는 잎 노드는 다른 변수를 통해 계산되는 y나 z가 아니라 그 자체가 값인 x 같은 노드를 의미합니다. 결과적으로 마지막 줄을 실행하면 x.grad는 기울기가 계산되지만 y.grad, z.grad는 잎 노드가 아니기 때문에 결괏값이 None이 리턴됩니다.

```
tensor([ 8., 12.]) None None
```

다음으로는 선형회귀분석 모델을 만들어서 기울기를 계산하고 w, b를 업데이트하는 전체 과정을 담은 코드를 보겠습니다. 코드를 먼저 한 블록씩 보고 해당 블록에 대해 설명합니다.

```
import torch
import torch.nn as nn
import torch.optim as optim
import torch.nn.init as init
```

먼저 1~4행에서는 필요한 라이브러리들을 불러옵니다. torch.nn에는 신경망 모델들이 포함되어 있는데 이 중 선형 변환 함수인 Linear 함수를 사용할 것입니다. torch.optim에는 경사하강법 알고리즘이 들어 있고, torch.nn.init에는 텐서에 초깃값을 주기 위해 필요한 함수들이 있습니다.

```
num_data = 1000
num_epoch = 500

x = init.uniform_(torch.Tensor(num_data,1),-10,10)
noise = init.normal_(torch.FloatTensor(num_data,1),std=1)
y = 2*x+3
y_noise = y + noise
```

필요한 라이브러리들을 불러온 후에는 사용할 데이터의 수와 경사하강법 반복

횟수를 num_data와 num_epoch라는 변수에 지정합니다. 다음에는 데이터 생성입니다. x라는 변수에 [num_data, 1] 모양의 텐서를 생성하는데 이 텐서의 값들을 init.uniform_()이라는 함수를 통해 −10부터 10까지 균등^{uniform}하게 초기화합니다. 결과적으로 x에는 −10에서 10까지의 숫자들이 무작위로 들어가게 됩니다. y는 x에 대한 종속변수로 $y = 2x + 3$ 연산을 통해 값이 초기화됩니다. 즉 y는 $y = 2x + 3$ 식을 따라 −17에서 23 사이에 분포하게 됩니다.

그리고 y에 노이즈를 추가하기 위해 y_noise라는 변수를 만듭니다. 노이즈를 추가하는 이유는 데이터에 어떤 관계가 존재한다고 해도 보통 센서나 관측을 통해 들어오는 데이터에는 노이즈가 추가된 상태로 들어오는 경우가 대부분이기 때문입니다. 즉 현실성을 반영하기 위해 노이즈를 추가한 것이라고 보면 됩니다. 이때 노이즈는 표준정규분포를 따르는 노이즈를 사용하며, 이를 흔히 가우시안 노이즈$^{Gaussian\ noise}$라고 합니다. 이러한 노이즈를 만들기 위해서는 y와 같은 모양을 가지는 노이즈 텐서를 만들어야 하기 때문에 [num_data, 1] 모양 텐서 noise를 init.normal_() 함수를 통해 초기화해줍니다. 이때 mean(평균)은 디폴트 0을 그대로 쓰고 std(표준편차)는 1로 지정했습니다. y에다 이렇게 만든 noise를 더해서 y_noise가 생성됩니다.

```
model = nn.Linear(1,1)
loss_func = nn.L1Loss()
```

데이터가 준비되었으니 선형회귀 모델을 만듭니다. 파이토치에서 선형회귀 모델은 nn.Linear()라는 함수로 구현되어 있습니다. 파이토치 문서에서 nn.Linear를 찾아보면 자세한 설명을 볼 수 있습니다(*https://pytorch.org/docs/stable/nn.html#linear*).

Linear 클래스는 들어오는 특성^{feature}의 수, 결과로 나오는 특성의 수, 편차 사용 여부를 초기화 인수로 받아서 생성되고, 변수로는 가중치(weight)와 편차

(bias)가 있습니다. 우리가 만든 데이터 x는 1개의 특성을 가진 데이터 1000개이고 결과 y도 1개의 특성을 가진 데이터 1000개이기 때문에 인수로 모델을 Linear(1,1)로 생성합니다. 그리고 모델에서 나온 결과와 y_noise와의 차이를 구하는 척도로는 nn.L1Loss()를 사용했는데, 이는 **L1 손실**[L1 loss]을 뜻합니다. L1 손실의 정의는 $loss(x, y) = \frac{1}{n}\sum|x_i - y_i|$ 입니다. 즉, 차이의 절댓값의 평균입니다.

```
optimizer = optim.SGD(model.parameters(),lr=0.01)
```

그다음에는 경사하강법을 사용하기 위해서 torch.optim에서 SGD 옵티마이저를 불러옵니다. 옵티마이저[optimizer]란 최적화 함수[optimization function]라고도 하며, 경사하강법을 적용하여 오차를 줄이고 최적의 가중치와 편차를 근사할 수 있게 하는 역할을 합니다. 여러 최적화 함수가 있는데, 그중 SGD는 stochastic gradient descent의 약자로 한 번에 들어오는 데이터의 수대로 경사하강법 알고리즘을 적용하는 최적화 함수입니다. 최적화할 변수들과 함께, 학습률을 lr이라는 인수로 전달합니다. 앞의 코드에서는 최적화할 변수로 model. parameters()라는 함수를 사용하여 선형회귀 모델의 변수 w와 b를 전달했고 학습률로는 0.01이라는 수치를 전달했습니다.

```
label = y_noise
for i in range(num_epoch):
    optimizer.zero_grad()
    output = model(x)

    loss = loss_func(output,label)
    loss.backward()
    optimizer.step()

    if i % 10 == 0:
        print(loss.data)
```

```
param_list = list(model.parameters())
print(param_list[0].item(),param_list[1].item())
```

데이터, 모델, 손실 함수, 최적화 함수가 준비되었으니 남은 건 학습 부분입니다. 이 코드에서는 경사하강법을 사용한 최적화 과정을 num_epoch 수만큼 반복하며, 각 반복 시 지난번에 계산했던 기울기를 0으로 초기화하는 optimizer.zero_grad()를 실행합니다. 기울기를 초기화해야 새로운 가중치와 편차에 대해서 새로운 기울기를 구할 수 있기 때문입니다. 그다음에는 선형회귀 모델에 x를 전달하고 이에 대한 결과를 output이라는 변수에 저장합니다. 그리고 L1 손실 함수의 정의에 따라 output과 y_noise의 차이를 loss에 저장합니다. 그다음 loss.backward() 함수를 호출하면 각 변수, 즉 w, b에 대한 기울기가 계산됩니다. 이제 경사하강법 최적화 함수 optimizer의 .step()함수를 호출하여 인수로 들어갔던 model.parameters()에서 리턴되는 변수들의 기울기에 학습률 0.01을 곱하여 빼줌으로써 업데이트합니다.

이렇게 한 번의 업데이트가 끝나는데 이 과정을 num_epoch만큼 반복해줍니다. 이처럼 데이터 전체를 학습에 한 번 사용하는 주기를 **에폭**epoch이라고 합니다. 중간중간 손실이 어떻게 변하는지 확인하기 위해 출력하는 코드도 넣었습니다. 최종적으로 학습이 다 끝나고 나서는 모델 변수들을 하나씩 출력합니다. 처음에 의도했던 것처럼 2와 3이라는 가중치와 편차에 가까운 값이 나올 것입니다.

앞의 코드를 시각화해보면 다음과 같습니다.[1]

---

1 책에 수록한 코드에서는 시각화, 모델 저장 및 복원, 데이터 다운로드 등 부수적인 부분은 대부분 생략했습니다. 코랩 파일에는 이러한 부분이 모두 포함되어 있으니 실습 시 참고하세요.

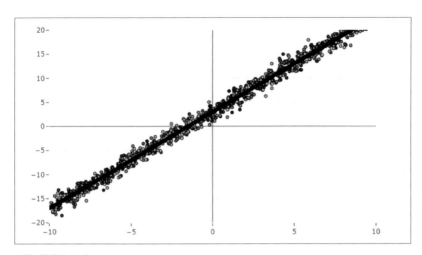

선형모형 학습 결과

빨간색 점들이 노이즈가 있는 모델의 데이터이고. 검은 선이 이 데이터를 가지고 학습된 가중치, 편차로 그려진 직선입니다. 또한 앞의 코드에서 손실을 학습 시점에 따라 그려보면 다음과 같이 줄어드는 것을 확인할 수 있습니다.

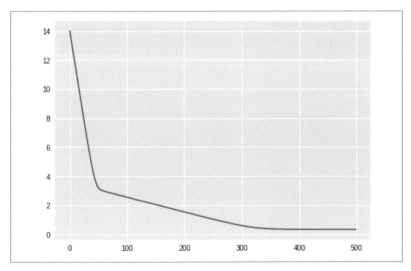

학습에 따른 손실의 감소

CHAPTER 4

인공 신경망

4.1 신경망이란 무엇인가

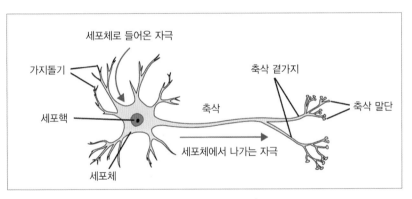

생물학적 신경망(*http://cs231n.github.io/neural-networks-1*)

이번 장에서 배워볼 **인공 신경망**artificial neural network은 생물학적 신경망에서 영감을 얻어 만들어졌습니다. 먼저 생물학적 신경망을 간단히 설명하면 여러 자극이 가지돌기dendrite들을 통해 신경세포로 들어오고 어느 정도 이상의 자극이 들어오면 이를 축삭axon을 통해 다른 세포로 전달하는 구조라고 할 수 있습니다.

이러한 구조를 모방하여 만든 것이 인공 신경망 모델입니다. 여러 자극 혹은 입력이 들어오면 각각 가중치를 곱해 더해주고 추가적으로 편차도 더해줍니다. 이렇게 다 더한 값을 활성화 함수$^{activation\ function}$를 통해 변형하여 전달하는 단위를 인공 뉴런이라고 하고 이러한 뉴런들이 모인 네트워크를 인공 신경망이라고 합니다.

4.2 인공 신경망의 요소

인공 신경망은 다음 그림처럼 여러 개의 입력값과 출력값을 가질 수 있으며 입력 단과 출력 단 사이의 은닉층$^{hidden\ layer}$의 수에 따라 신경망과 심층 신경망으로 나뉩니다.

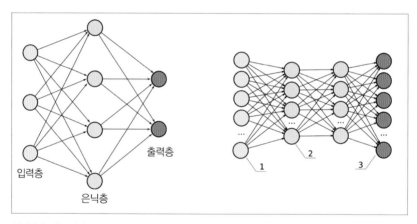

신경망과 심층 신경망의 차이

심층 신경망은 2개 이상의 은닉층을 가진 인공 신경망을 의미합니다. 하나의 셀 (뉴런)에서와 마찬가지로 입력값들의 가중치 합을 활성화 함수에 통과시켜 변형시키고, 이 과정을 반복적으로 진행하여 최종 결괏값을 냅니다. 앞의 그림의 두 네트워크를 수식으로 나타내면 각각 다음과 같습니다. 이때 시그마(σ)는 활성화 함수를 의미합니다.

$$y = w_2 \big(\sigma \big(w_1 \times x + b_1 \big) \big) + b_2$$

$$y = w_4 \big(\sigma \big(w_3 \big(\sigma \big(w_2 \big(\sigma \big(w_1 \times x + b_1 \big) \big) + b_2 \big) \big) + b_3 \big) \big) + b_4$$

수식을 살펴보면 $y = w \times x + b$ 의 형태가 계속 반복되는데 이를 행렬 연산으로 표현해보면 다음 그림과 같습니다.

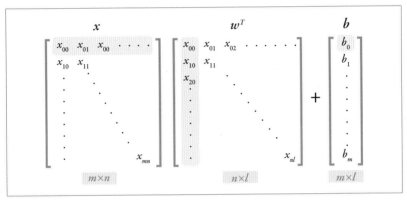

입력값에 가중치가 곱해지고 편차가 더해지는 과정

이때 x와 w의 위치가 바뀐 것은 입력값인 x에서 열 단위로 데이터가 구분되기 때문입니다. 첫 행이 첫 번째 데이터의 입력값에 해당하고 각 입력값에 비중을 곱하고 최종적으로 편차를 더하기 때문에 순서가 바뀐 것입니다. 이렇게 계산된 값들은 시그모이드나 하이퍼볼릭 탄젠트, 렐루 같은 활성화 함수를 거쳐 비선형 성nonlinearity을 띠게 됩니다. 이러한 활성화 함수가 없다면 은닉층이 몇 개더라도 결국 선형 변환이기 때문에 깊은 모델을 만든 의미가 사라집니다.

앞에서 말한 것처럼 활성화 함수는 여러 종류가 있습니다. 그렇다면 어떤 활성화 함수를 쓰는 것이 좋을까요?

Activation function	Equation	Example	1D Graph
Sign (Signum)	$\phi(z) = \begin{cases} -1, & z < 0, \\ 0, & z = 0, \\ 1, & z > 0, \end{cases}$	Perceptron variant	
Linear	$\phi(z) = z$	Adaline, linear regression	
Piece-wise linear	$\phi(z) = \begin{cases} 1, & z \geq \frac{1}{2}, \\ z + \frac{1}{2}, & -\frac{1}{2} < z < \frac{1}{2}, \\ 0, & z \leq -\frac{1}{2}, \end{cases}$	Support vector machine	
Logistic (sigmoid)	$\phi(z) = \dfrac{1}{1 + e^{-z}}$	Logistic regression, Multi-layer NN	
Hyperbolic tangent	$\phi(z) = \dfrac{e^z - e^{-z}}{e^z + e^{-z}}$	Multi-layer Neural Networks	
Rectifier, ReLU (Rectified Linear Unit)	$\phi(z) = max(0, z)$	Multi-layer Neural Networks	

다양한 종류의 활성화 함수(Sebastian Raschka, CC BY-SA 4.0)

활성화 함수 중 인공 신경망에서 많이 사용되는 함수로는 **시그모이드**[sigmoid]와 **하이퍼볼릭 탄젠트**[tanh]가 있습니다. 이 두 가지 활성화 함수의 수식은 각각 다음과 같습니다.

$$y\left(x\right) = \frac{1}{1 + e^{-x}}$$

$$y\left(x\right) = \frac{e^{x} - e^{-x}}{e^{x} + e^{-x}}$$

시그모이드 함수는 결괏값이 0에서 1인 완만한 곡선 형태이며, 하이퍼볼릭 탄젠트 함수는 −1에서 1의 값을 가집니다. 두 함수는 모든 구간에서 미분이 가능하기 때문에 곧 배울 역전파를 하기에 유용하다는 특징을 가집니다.

한편 최근에는 **렐루**[ReLU] 함수가 많이 사용되는데 식으로 나타내면 다음과 같습니다.

$$y(x) = \max(0, \, x)$$

렐루 활성화 함수의 장단점에는 몇 가지가 있는데, 이는 전파와 역전파를 설명한 이후에 다루겠습니다.

4.3 전파와 역전파

인공 신경망은 입력값이 들어오면 여러 개의 은닉층을 순서대로 거쳐 결괏값을 내는데 이 과정을 **전파**(순전파)$^{\text{forward propagation}}$라고 합니다. 3개의 입력이 들어오고 2개의 은닉층을 지나 최종적으로 2개의 결과를 내는 인공 신경망을 가정하고 그림으로 그려보면 다음과 같습니다.

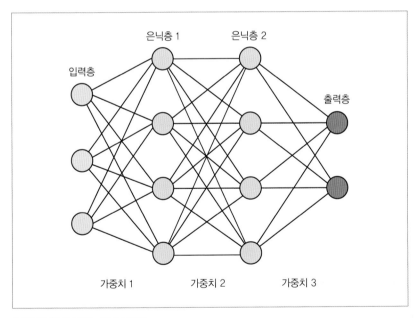

2개의 은닉층을 가지는 인공 신경망

이 예에서 연산에 사용되는 가중치들을 행렬로 표현해보면 다음과 같습니다.

$$\begin{bmatrix} w_{oo} & w_{01} & w_{02} & w_{03} \\ w_{10} & w_{11} & w_{12} & w_{13} \\ w_{20} & w_{21} & w_{22} & w_{23} \end{bmatrix} \quad \begin{bmatrix} w_{oo} & w_{01} & w_{02} & w_{03} \\ w_{10} & w_{11} & w_{12} & w_{13} \\ w_{20} & w_{21} & w_{22} & w_{23} \\ w_{30} & w_{31} & w_{32} & w_{33} \end{bmatrix} \quad \begin{bmatrix} w_{00} & w_{01} \\ w_{10} & w_{11} \\ w_{20} & w_{21} \\ w_{30} & w_{31} \end{bmatrix}$$

가중치1(3×4)   가중치2(4×4)   가중치3(4×2)

지금부터 임의의 입력을 가정해서 전파의 과정을 설명해보겠습니다. 전파의 과정은 텐서 간의 곱과 편차의 덧셈, 그리고 활성화 함수의 적용으로 구성되는데 간단명료한 설명을 위해 행렬의 곱으로 설명하고 편차의 덧셈은 무시하겠습니다. 먼저 [5,3] 형태의 입력을 가정하겠습니다. 여기서 5는 데이터의 개수, 3은 각 데이터의 특성의 개수를 의미합니다. 데이터의 개수는 어떠한 숫자여도 무관합니다.

이 [5,3]의 입력에 대하여 첫 번째 가중치를 곱해주면 아래와 같이 연산이 이루어집니다. I는 입력^{input}이고 w는 가중치^{weight}, O는 출력^{output}을 뜻합니다.

$$\begin{bmatrix} I_{00} & I_{01} & I_{02} \\ I_{10} & I_{11} & I_{12} \\ I_{20} & I_{21} & I_{22} \\ I_{30} & I_{31} & I_{32} \\ I_{40} & I_{41} & I_{42} \end{bmatrix} \begin{bmatrix} w_{oo} & w_{01} & w_{02} & w_{03} \\ w_{10} & w_{11} & w_{12} & w_{13} \\ w_{20} & w_{21} & w_{22} & w_{23} \end{bmatrix} = \begin{bmatrix} O_{00} & O_{01} & O_{02} & O_{03} \\ O_{10} & O_{11} & O_{12} & O_{13} \\ O_{20} & O_{21} & O_{22} & O_{23} \\ O_{30} & O_{31} & O_{32} & O_{33} \\ O_{40} & O_{41} & O_{42} & O_{43} \end{bmatrix}$$

5×3   3×4   5×4

여기서 O_{00} 의 값은 아래와 같은 식으로 계산됩니다.

$$O_{00} = I_{00} \times W_{00} + I_{01} \times W_{10} + I_{02} \times W_{20}$$

또한 O_{02} 의 값은 아래와 같은 식으로 계산됩니다.

$$O_{02} = I_{00} \times W_{02} + I_{01} \times W_{12} + I_{02} \times W_{22}$$

마지막으로 O_{32} 의 값은 아래와 같은 식으로 계산됩니다.

$$O_{32} = I_{30} \times W_{02} + I_{31} \times W_{12} + I_{32} \times W_{22}$$

이렇게 계산된 결과는 활성화 함수를 통과한 후 다음 가중치와 곱해지게 됩니다. [5,3]의 입력과 [3,4] 형태의 첫 번째 가중치가 곱해져 [5,4] 형태의 결과가 나오고, 다시 여기에 [4,4] 형태의 가중치가 곱해져 [5,4] 형태의 결과가 나옵니다. 마지막으로 [5,4] 형태의 입력에 [4,2] 형태의 가중치가 곱해져 최종 결과는 [5,2]의 형태가 됩니다. 가중치를 w, 편차를 b, 활성화 함수를 σ 로 놓고 전파의 과정을 수식으로 표현해보면 다음과 같습니다.

$$y^{*} = w_3 \times \sigma \left(w_2 \times \sigma \left(w_1 \times x + b_1 \right) + b_2 \right) + b_3$$

이렇게 예측값인 y^{*} 를 구하는 과정이 바로 전파입니다.

이제는 손실을 계산할 차례입니다. 정답을 y라고 했을 때 손실을 계산하고 3장에서 배웠던 경사하강법을 쓰기 위해 변수인 가중치와 편차에 대해 손실을 미분해보면 다음과 같이 전개됩니다.

$$\text{loss} = y^{*} - y = w_3 \times \text{sig} \left(w_2 \times \text{sig} \left(w_1 \times x + b_1 \right) + b_2 \right) + b_3 - y$$

$$\frac{\partial \text{loss}}{\partial w_3} = \text{sig} \left(w_2 \times \text{sig} \left(w_1 \times x + b_1 \right) + b_2 \right)$$

$$\frac{\partial \text{loss}}{\partial b_3} = 1$$

$$\frac{\partial \text{loss}}{\partial w_2} = ?$$

가중치3과 편차3은 바로 미분이 가능합니다. 하지만 가중치2 같은 경우에는 바로 미분할 수 없는데 이럴 땐 어떻게 해야 할까요? 미적분에서 다루는 개념 중 연쇄법칙$^{chain\ rule}$을 사용하면 이를 해결할 수 있습니다.

$$\Delta z = \frac{\partial z}{\partial y} \Delta y$$
$$\Delta y = \frac{\partial y}{\partial x} \Delta x$$
$$\Delta z = \frac{\partial z}{\partial y} \frac{\partial y}{\partial x} \Delta x$$
$$\frac{\partial z}{\partial x} = \frac{\partial z}{\partial y} \frac{\partial y}{\partial x}$$

연쇄법칙의 간략한 설명(*https://www.slideshare.net/roelofp/041114-dl-nlpwordembeddings*)

이 그림으로 연쇄법칙을 간단히 설명하면, z가 y에 대한 종속변수이고 y는 x에 대한 종속변수일 때 z를 x에 대해 미분한 값은 z를 y에 대해 미분한 값과 y를 x에 대해 미분한 값의 곱과 같다는 의미입니다. z가 y에 비례해서 변하고 y는 x에 비례하기 때문에 두 쌍의 관계를 구해놓으면 z와 x의 관계는 이 두 관계의 곱으로 구할 수 있다고 보면 됩니다.

따라서 우리의 예로 다시 설명하면 다음과 같습니다(활성화 함수는 시그모이드 함수라고 가정했습니다).

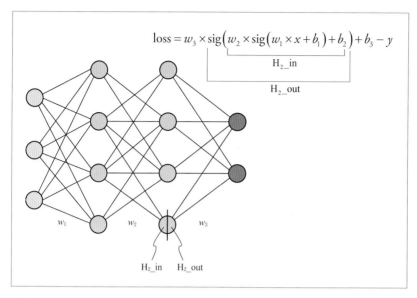

$$loss = w_3 \times \text{sig}\left(w_2 \times \text{sig}\left(w_1 \times x + b_1\right) + b_2\right) + b_3 - y$$

심층 신경망에서의 연쇄법칙

따라서 가중치2로 미분한 결과는 다음 식으로 구할 수 있습니다.

$$\frac{\partial loss}{\partial w_2} = w_3 \times \text{sigmoid}'\left(h_{2\_in}\right) \times \text{sigmoid}\left(w_1 \times x + b_1\right)$$

앞에서 살펴봤던 전파가 입력값이 여러 은닉층을 통과해 결과로 나오는 과정이었다고 하면, **역전파**backward propagation는 결과와 정답의 차이로 계산된 손실을 연쇄법칙을 이용하여 입력 단까지 다시 전달하는 과정을 의미합니다.

말로만 들으면 좀 어렵게 들리는데 실제로 계산해보면 감을 잡는 데 큰 도움이 됩니다. CS231n 강의에는 연쇄법칙을 설명하며 다음과 같은 시그모이드 예제를 설명합니다.

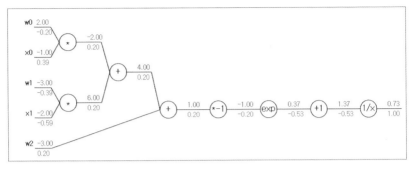

연쇄법칙의 다른 예(*http://cs231n.github.io/optimization-2*)

이 예제는 w_0, x_0, w_1, x_1, w_2 변수에 대해 차례대로 2, −1, −3, −2, −3(초록색)
값을 넣고 기울기를 구하는 과정을 보여줍니다. 초록색 값 아래에 있는 빨간색
숫자들이 역전파를 통해 기울기를 계산한 결과입니다. 막상 해보면 각각이 그렇
게 복잡하진 않은 계산들입니다. 스스로 손으로 계산해보는 것만큼 좋은 학습법
은 없습니다. 독자 여러분도 이런 식으로 직접 계산해보길 권합니다.

4.4 모델 구현, 학습 및 결과 확인

그럼 파이토치 코드로 여태까지 배운 내용들을 어떻게 구현할 수 있는지 살펴보
겠습니다. 사실 3장과 다른 부분은 데이터의 형태와 모델 정도입니다. 선형회귀
에서는 선형 데이터를 다뤘지만 이번에는 선형으로 표현할 수 없는 2차 함수의
형태를 가지는 데이터를 다뤄보겠습니다.

들어오는 입력 특성은 이전과 같이 하나의 x 값이 들어오고 최종적으로 하나의
결괏값인 $\hat{y}$가 나오지만 중간에 몇 개의 은닉층이 존재합니다. 입력값 x가 들어
오면 $w \times x + b$ 연산이 이루어지고 이후 활성화 함수를 통과함으로써 비선형성을
얻습니다. 연산의 결과는 또 다른 은닉층을 통과하고 최종적으로 1개의 결괏값
이 나올 때까지 전파됩니다.

그렇게 나온 값 $\hat{y}$은 정답 값인 y와 손실 함수에 따라 차이가 계산됩니다. 그러면 손실을 각 변수들로 미분하여 기울기를 구합니다. 전파와 역전파를 길게 설명했지만, 사실 파이토치는 이 과정을 함수 하나만 호출하면 알아서 처리합니다. loss.backward() 한 줄이면 각 변수별 기울기를 모두 계산합니다. 다른 과정은 선형회귀분석 코드와 거의 똑같습니다.

```python
import torch
import torch.nn as nn
import torch.optim as optim
import torch.nn.init as init

num_data = 1000
num_epoch = 10000

noise = init.normal_(torch.FloatTensor(num_data,1),std=1)
x = init.uniform_(torch.Tensor(num_data,1),-15,15)
y = (x**2) + 3
y_noise = y + noise

model = nn.Sequential(
        nn.Linear(1,6),
        nn.ReLU(),
        nn.Linear(6,10),
        nn.ReLU(),
        nn.Linear(10,6),
        nn.ReLU(),
        nn.Linear(6,1),
    )

loss_func = nn.L1Loss()
optimizer = optim.SGD(model.parameters(),lr=0.0002)

loss_array = []
for i in range(num_epoch):
    optimizer.zero_grad()
    output = model(x)
```

```
loss = loss_func(output,y_noise)
loss.backward()
optimizer.step()

loss_array.append(loss)
```

데이터와 모델 부분 말고 선형회귀분석 코드에 없었던 부분을 설명하겠습니다. 우선 nn.Sequential 클래스가 있습니다. 이 클래스는 nn.Linear, nn.ReLU 같은 모듈들을 인수로 받아서 순서대로 정렬해놓고 입력값이 들어오면 이 순서대로 모듈을 실행하여 결괏값을 리턴합니다. 인공 신경망의 깊이가 깊어질수록 하나하나 실행하는 것보다 이렇게 묶어서 연산하는 것이 더 편리하기 때문에 nn.Sequential 클래스를 사용하는 것이 좋습니다.

결과를 눈으로 확인해보겠습니다.

```
import matplotlib.pyplot as plt

plt.plot(loss_array)
plt.show()
```

모델을 학습하면서 기록해둔 손실을 그래프로 그리는 코드입니다. 실행하면 다음 그림과 같이 감소하여 0에 가까워지는 것을 확인할 수 있습니다.

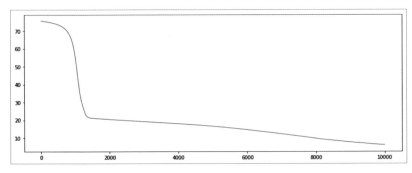

학습에 따른 손실의 감소

앞의 코드의 데이터와 학습된 모델을 시각화한 결과는 다음과 같습니다.

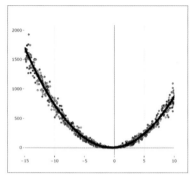 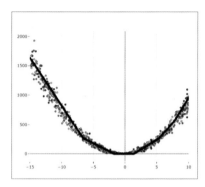

인공 신경망으로 $y = x^2 + 3$을 근사하는 과정

왼쪽 그림은 목표로 하는 함수를 검은 점들로 표현하고 여기에 노이즈를 추가한 데이터를 붉은색 계열로 표시한 것입니다. 학습할 때는 노이즈가 추가된 데이터만을 사용하여 인공 신경망 모델이 이를 유추하도록 학습했으며, 결과는 오른쪽 그림과 같습니다. 완벽하게 일치하지는 않지만 어느 정도 비슷한 모양이 나온 것을 확인할 수 있습니다.

중간중간 꺾인 부분은 렐루 활성화 함수의 영향입니다. 은닉층은 해당 층의 입력값에 가중치를 곱해줌으로써 선형변환이 일어나도록 하고 렐루 활성화 함수는 이 중 0보다 작은 값들을 모두 0으로 만들기 때문에 여러 은닉층을 통과하면서 여러 지점에서 꺾인 모양이 나타나게 됩니다.

CHAPTER 5

합성곱 신경망

5.1 합성곱 신경망의 발달 배경

이론상으로 인공 신경망은 실수 공간에서 연속하는 모든 함수를 근사할 수 있다고 합니다(이를 보편 근사 정리^{universal approximation theorem}라고 합니다). 하지만 무한히 많은 뉴런을 사용하는 네트워크는 만들 수도 없고 만들더라도 학습 과정에서 여러 문제가 있을 것입니다. 4장에서 배웠던 인공 신경망 모델을 사용하여 이미지 데이터에 적용해보면 사실 성능이 그렇게 잘 나오지 않는데 그 이유는 실제 예를 들어보면 쉽게 이해할 수 있습니다.

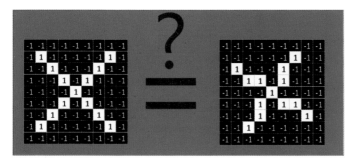

컴퓨터의 시각에서 본 그림(*https://brohrer.github.io/how_convolutional_neural_networks_work.html*)

앞의 두 그림은 사람이 보기에 그냥 X와 기울어진 X입니다. 하지만 컴퓨터의 입장에서는 전혀 다른 값으로 인식됩니다. 위와 같은 이미지를 입력으로 받아서 X인지 O인지 구분하는 모델을 만든다고 생각하면 입력 층의 뉴런의 수는 9×9로 81개가 되고 최종 결괏값은 2개(X 또는 O 클래스)가 됩니다. 그런데 왼쪽 그림처럼 기울어지지 않은 X로 학습한 모델이 오른쪽 이미지를 입력으로 받으면 기존의 학습 데이터와 다르기 때문에 제대로 예측하지 못할 것입니다. 기울어진 모양 이외에도, 한쪽 선이 짧은 X도 있을 수도 있고 전체적으로 특정 방향으로 쏠린 X도 있을 수 있습니다. 이런 예외적 모양이 들어올 때마다 인공 신경망 입장에서는 결과적으로는 같은 의미를 가지는 조금씩 다른 입력에 대해 가중치들을 학습시켜야 하고, 이미지의 크기가 커질수록 이런 변형의 가능성은 더 커집니다.

하지만 포유류나 인간의 시각 체계는 이러한 변화에 강하다는 특징이 있습니다. 이에 착안하여 동물의 시각 뉴런에 대한 연구가 이루어졌고, 1980년대 네오코그니트론Neocognitron을 거쳐 얀 르쿤Yann LeCun 교수에 의해 **합성곱 신경망**convolutional neural network(CNN)이 탄생했습니다. 합성곱 신경망에는, 국소적인 영역을 보고 단순한 패턴에 자극을 받는 단순 세포와 넓은 영역을 보고 복잡한 패턴에 자극을 받는 복잡 세포가 레이어(계층)layer를 이루고 있다는 관찰이 녹아들어 있습니다.

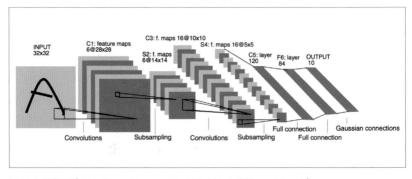

LeNet–5의 구조(*http://yann.lecun.com/exdb/publis/pdf/lecun-01a.pdf*)

1998년에 발표된 LeNet-5의 구조를 살펴보면 이미지가 들어왔을 때 특정 영역에 대하여 합성곱 연산과 서브샘플링을 적용하는 것을 반복하고, 나중에는 완전연결full connection 및 가우시안 연결Gaussian connection을 사용하여 최종적인 결괏값을 내는 방식입니다.

5.2 합성곱 연산 과정

우선 합성곱 연산이 무엇인지부터 알아보겠습니다. 처음 보는 분도 있겠지만 사실 합성곱 연산은 오래전부터 있었던 수학 개념입니다. 합성곱 신경망에서는 하나의 함수가 다른 함수와 얼마나 일치하는가의 의미로 사용됩니다. 우리가 책을 읽을 때 왼쪽 위부터 오른쪽으로 그리고 다음 줄로 넘어가서 읽는 과정을 반복하듯이 합성곱 연산은 하나의 필터filter(커널kernel이라고도 부릅니다)에 대해, 이미지를 쭉 지나가면서 이미지의 부분 부분이 필터와 얼마나 일치하는지 계산합니다. 다음 그림을 예로 계산 과정을 살펴보겠습니다.

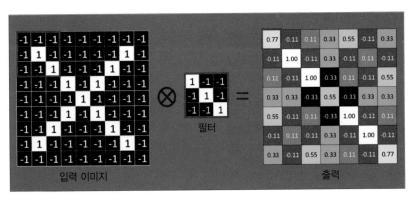

합성곱 연산의 예시

그림의 결과에서 왼쪽 맨 위의 0.77이 나온 과정을 설명하겠습니다. 입력 이미지에서의 빨간 박스 부분과 필터 간의 요소들을 각각 1대 1 대응으로 곱해서 총합을 구하고 9로 나눠서 평균을 구했습니다. 그 후에는 입력 이미지에서 빨간 박스 부분을 한 칸 오른쪽으로 이동한 후 연산을 하면 −0.11이라는 수가 나오는데 이 수치는 입력 이미지의 해당 부분이 필터와 얼마나 일치하는지를 의미한다고 보면 됩니다. 결과 부분에서 1.00에 해당하는 부분들이 바로 필터와 이미지가 완벽히 일치하는 부분들입니다.

방금 든 예시에서는 필터의 크기가 3×3이었지만 필터의 크기는 자유자재로 지정할 수 있으며 한 칸씩 이동하던 단위 역시 자유자재로 바꿀 수 있습니다. 이동하는 단위는 **스트라이드**stride라고 부릅니다. 하나의 이미지에 대하여 여러 개의 필터를 적용할 수 있으며, 필터 하나당 입력 이미지 전체에 대한 필터의 일치 정도가 나오는데 이를 **활성화 지도**activation map 또는 **특성 지도**feature map라고 부릅니다. 하나의 이미지에 필터를 3개 사용한다면 활성화 지도 역시 3개가 생성되는 식입니다. 활성화 지도의 크기는 입력 이미지와 필터의 크기, 스트라이드 크기에 따라 결정되는데 입력 이미지의 크기를 I, 필터의 크기를 K, 스트라이드를 S라고 하면 활성화 지도 O의 크기는 다음 식과 같습니다(floor는 바닥 함수를 뜻합니다. 내림 함수, 버림 함수라고도 합니다).

$$O = \text{floor}\left(\frac{I - K}{S} + 1\right)$$

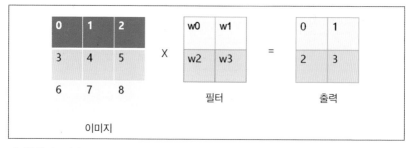

간단한 합성곱 연산

합성곱 신경망 역시 신경망이기 때문에 4장에서 배운 인공 신경망의 형태로도 연산을 표현할 수 있습니다. 간단하게 3×3의 입력 이미지에 2×2 필터, 스트라이드 1을 적용해보면 57쪽 그림의 연산이 다음과 같이 변환되는 것을 알 수 있습니다.

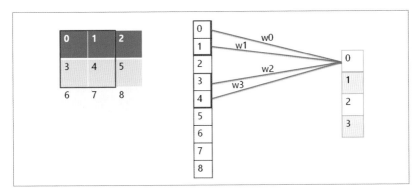

신경망 형태로 표현한 합성곱 연산

즉, 합성곱 연산도 인공 신경망의 일종이라고 볼 수 있습니다. 대신 하나의 결괏값이 생성될 때 입력값 전체가 들어가지 않고 필터가 지나가는 부분만 연산에 포함된다는 점과, 하나의 이미지에 같은 필터를 연달아 적용하기 때문에 가중치(그림에서는 w1, w2, w3, w4)가 공유되어 기본 인공 신경망보다 학습의 대상이 되는 변수가 적다는 점이 차이점이라고 할 수 있습니다.

이처럼 합성곱 연산도 입력과 가중치의 조합으로 이루어진 연산이기 때문에 비선형성을 추가하기 위해서는 활성화 함수가 필요합니다. 이때 4장에서 언급했던 렐루를 주로 사용하는데, 이쯤에서 렐루가 어떤 특징을 가지고 있는지 설명하고 넘어가겠습니다.

렐루 함수에는 여러 종류가 있는데 크게 다음과 같이 세 가지 정도로 나눌 수 있습니다.

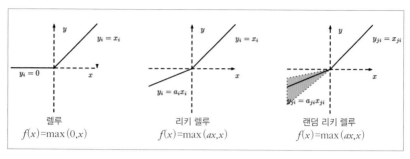

다양한 렐루 함수의 종류

먼저 기본 렐루 함수부터 살펴보죠. 기본 렐루 함수는 단순히 0 이하의 값이 들어오면 활성화 값을 0으로 맞추고 그 이상의 값이 들어오면 값을 그대로 전달합니다. 어떤 값이 들어오든 0에서 1의 값으로 맞춰주는 시그모이드 함수나 −1에서 1로 맞춰주던 하이퍼볼릭 탄젠트 함수와 달리 렐루는 입력으로 들어온 값, 즉 자극이 0 이상일 때 그대로 전달해주기 때문에, 전파되는 값들이 크고 역전파되는 값들 역시 $y = x$를 미분하면 1이 나오기 때문에 기울기 값이 그대로 전파되므로 학습 속도가 빠릅니다. 또한 연산 과정에서 시그모이드나 하이퍼볼릭 탄젠트는 지수 연산이 들어가는 데 비해 렐루는 값을 그대로 전달해주기 때문에 속도 면에서도 장점이 있습니다. 하지만 일반 렐루는 어느 순간 큰 손실이 발생하여 가중치와 편차가 마이너스로 떨어지는 경우, 어떠한 입력값이 들어와도 활성화 값이 0이 되는 다잉 뉴런dying neuron이라는 현상이 일어나기도 합니다. 예를 들어 업데이트된 가중치와 편차가 −5와 −3이고 입력값들은 정규화되어 −1에서 1 사이의 값을 가진다면 어떠한 값이 들어와도 결괏값이 0보다 작기 때문에 해당 뉴런은 영원히 업데이트되지 않게 됩니다.

이런 문제를 해결하기 위해 나온 렐루의 변형된 형태로 **리키 렐루**leaky ReLU, **랜덤 리키 렐루**randomized leaky ReLU 등이 있습니다. 리키 렐루는 수식을 $f(x) = \max(ax, x)$로 변형시키고 상수 a에 작은 값을 설정함으로써 0 이하의 자극이 들어왔을 때도 활성화 값이 전달되게 합니다. 예를 들어 a가 0.2라고 하면 0 이하의 자극에는 0.2를 곱해 전달하고 0보다 큰 자극은 그대로 전달하는 활성화 함수가 됩니다. 이렇게 되면 역전파가 일어날 때, 0 이하인 부분에서는 가중치가 양의 방향으로 업데이트되고 0보다 큰 부분에서는 음의 방향으로 업데이트되므로 다잉 뉴런 현상을 방지할 수 있습니다. 랜덤 리키 렐루의 경우는 a의 값을 랜덤하게 지정하는 활성화 함수입니다.

이번에는 이미지에 필터를 적용했을 때 실제로 어떤 결과가 나오는지 한번 보고 넘어가겠습니다. 다음 예시들은 합성곱 신경망처럼 스스로 학습된 필터들을 적용한 것이 아니라 사람이 직접 값을 지정한 필터들입니다. 먼저 이미지에서 경계선을 찾아주는 필터를 적용한 결과입니다.

경계선 필터를 적용한 사례(*http://setosa.io/ev/image-kernels/*)

이렇게 경계선 필터를 사용하면 이미지에서 물체 간의 경계선을 쉽게 찾을 수 있습니다. 이는 원본 이미지에서 경계선에 대한 정보를 강조해서 보여주는 역할을 하고, 이를 통해 이미지의 특성을 분석하는 데 도움을 줍니다. 실제로 합성곱 신경망 모델을 학습시킨 후에 이미지를 학습된 필터에 통과시켜보면 사람이 직접 값을 지정했던 필터의 유사한 결과를 얻을 수 있습니다.

다음으로 같은 그림에 엠보스 필터를 적용한 결과 예시입니다.

엠보스 필터를 적용한 사례

엠보스 필터는 이미지에서 지정한 방향으로 깊이감을 강조해주는 역할을 합니다. 입력단과 첫 번째 은닉층 사이에는 이러한 역할을 하는 필터가 지정한 개수만큼 학습되고, 이를 통해 다양한 특징들을 뽑아내 다음 층으로 전달할 수 있습니다. 필터를 통해 뽑아낸 특성들이 중첩됨에 따라 모델은 더 복잡하고 다양한 형태를 구분할 수 있게 됩니다.

5.3 패딩과 풀링

합성곱 연산을 살펴보면, 57쪽 그림과 같이 입력 이미지에 필터를 한 번 적용할 때마다 결과의 가로세로 크기가 줄어듭니다. 스트라이드는 1로 고정하고 3×3 필터를 한 번 적용할 때마다 결과의 크기는 가로세로 2씩 줄어듭니다. 즉 앞에서 살펴보았던 9×9짜리 X자 이미지는 이 필터를 4번 적용하고 나면 1×1로 줄어들어서 더 이상 필터를 적용할 수 없습니다. 이렇게 되면 인공 신경망 입장에서는 은닉층의 개수에 제한이 생기는 것과 같고 결과적으로 복잡한 패턴을 학습할 수 없게 됩니다.

그렇다면 합성곱 연산을 사용하되 더 깊은 신경망을 만들기 위해서는 어떻게 해야 할까요? 그 방법으로 **패딩**padding이 있습니다. 패딩은 겨울에 입는 패딩처럼 일정한 크기의 층으로 이미지를 감싸는 것을 의미합니다. 앞에서의 X자 그림으로 예를 들어보면 패딩을 1 주면 9×9의 이미지가 11×11로 변합니다. 네 방향 테두리를 쭉 돌아가면서 패딩을 적용하기 때문에 이미지 크기는 1이 아니라 2가 늘어나게 되는 것입니다.

제로 패딩 예시

패딩을 1 준 상태에서 3×3 필터를 적용하게 되면 원래 9×9에서 7×7로 줄어드는 이미지가 11×11에서 9×9로 줄어들게 되고 원본의 크기인 9×9 그대로 유지되게 됩니다. 이렇게 되면 입력값의 크기를 유지하면서 충분한 특성들을 뽑아낼 수 있게 됩니다. 예시로 든 그림에서는 패딩 값을 0으로 주는 제로 패딩zero padding을 적용했는데 경우에 따라서는 원본 이미지의 경계선 값을 복사하거나 임의의 값을 패딩 값으로 적용할 수도 있습니다.

앞 절에서는 패딩 없이 활성화 지도 O의 크기를 구해봤습니다. 이미지의 크기를 I, 필터의 크기를 K, 스트라이드를 S, 패딩의 크기를 P라고 하면 앞에서 봤던 식은 다음과 같이 됩니다.

$$O = \text{floor}\left(\frac{I - K + 2P}{S} + 1\right)$$

패딩을 사용하는 대표적 이유는 입력 이미지에서 충분한 특성을 뽑기 위함이었습니다. 하지만 반대의 상황도 있을 수 있습니다. 입력 이미지가 엄청나게 큰 이미지라면 군이 패딩을 적용하지 않아도 충분히 특성들을 뽑아낼 수 있고, 패딩 없이 여러 은닉층을 거쳐도 활성화 지도의 크기는 여전히 클 것입니다. 예를 들어 3600×1800짜리 위성 사진을 입력으로 받는 모델이 있다고 하면 3×3 필터를 300단계 적용해도 활성화 지도의 크기는 3000×1200일 것입니다. 게다가 이전에 적용된 필터가 100개였다면 3000×1200×100개의 뉴런을 가진 레이어가 있는 것과 같고 이후에 어떤 연산을 하더라도 엄청난 크기의 연산일 것입니다. 상황에 따라 엄청나게 높은 화질이 필요하지 않을 수도 있고, 좀 넓게 봐야 파악할 수 있는 특성도 있을 것입니다. 이럴 때 사용하는 것이 바로 **풀링**^{pooling}입니다.

풀링은 다운샘플링^{downsampling} 또는 서브샘플링^{subsampling}의 일종으로, 합성곱 신경망에서는 크게 두 종류가 사용됩니다. 첫 번째는 맥스 풀링^{max pooling}으로, 일정 크기의 구간 내에서 가장 큰 값만을 전달하고 다른 정보는 버리는 방법입니다. 이는 자극의 관점에서 봤을 때 가장 강한 자극만 남기고 나머지는 무시하는 거라고 생각할 수 있습니다. 합성곱 연산의 관점에서는 일정 구간에서 해당 필터의 모양과 가장 비슷한 부분을 전달하는 연산이라고 할 수 있습니다. 두 번째는 평균 풀링^{average pooling}입니다. 이는 일정 크기의 구간 내의 값들의 평균을 전달하는 방법으로 자극의 관점에서 봤을 때 평균적 자극을 전달하는 것입니다. 합성곱 연산의 관점에서도 해당 필터의 모양과 평균적으로 얼마나 일치하는지를 뽑아낸다고 할 수 있습니다.

다음 그림은 풀링을 적용하는 범위를 2×2로 잡고 한 번에 2칸씩 이동한 경우입니다.

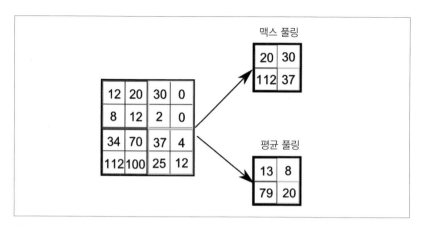

풀링의 두 가지 종류(*http://www.connellybarnes.com/work/class/2016/deep_learning_graphics/06_cnns_rnns.pdf*)

합성곱 신경망의 일반적인 구조를 살펴보면, 입력값에 대해 몇 번의 합성곱 연산을 활성화 함수와 함께 적용한 이후 풀링으로 전체 크기를 줄여주는 과정을 반복합니다. 어느 정도 특성들을 다 뽑은 이후에는, 뽑은 특성들을 입력으로 받는 인공 신경망을 뒤에 붙여서 각 클래스별 확률을 뽑아내거나(분류 문제) 특정 수치들을 뽑아냅니다(회귀 문제). 이를 그림으로 표현하면 다음과 같습니다.

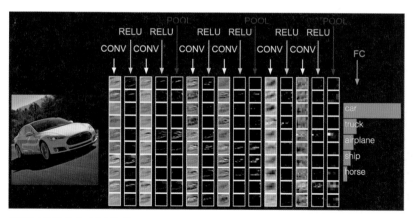

합성곱 신경망의 대표적인 형태(*http://cs231n.github.io/convolutional-networks*)

5.4 모델의 3차원적 이해

합성곱 신경망을 더 쉽게 이해하려면 3차원적으로 생각해보는 것도 좋습니다. 입력 이미지를 컬러 이미지라고 가정하면 3개의 채널을 가지고 있으므로 여기에 3×3 필터를 적용한다는 것은 사실 3×3×3 필터를 적용한다는 의미입니다. 이 필터를 적용하면 1×1×1의 결과가 생성되고 필터가 그림을 따라 왼쪽에서 오른쪽으로, 위에서 아래로 이동하면서 가로×세로×1의 활성화 지도가 생성 됩니다. 필터 하나당 이렇게 맵이 생성되기 때문에 필터를 16개 적용하면 가로×세로×16짜리 결괏값이 생성됩니다. 이를 정리하면 다음 그림과 같습니다. 왼쪽의 빨간색 박스는 필터가 적용되는 부분이고 오른쪽의 빨간 박스가 연산의 결과로 나온 하나의 값입니다. 이때 3×3필터를 사용하고 스트라이드와 패딩은 1, 필터의 수는 16개를 줬기 때문에 오른쪽과 같이 가로 및 세로(너비 및 높이)의 길이가 변하지 않고 채널만 16개로 늘어난 결과가 나온 것입니다.

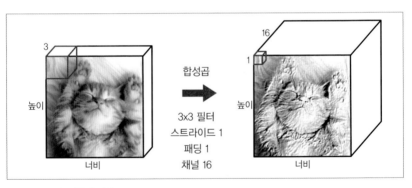

합성곱 연산의 3차원적 이해

합성곱 연산을 하고 나면 활성화 함수를 통과하는데 이때 활성화 함수로는 렐루를 사용하겠습니다. 풀링을 하기 전에 합성곱 연산과 활성화 함수를 적용하는 것을 몇 번 반복하기도 하지만 여기에서는 간략한 설명을 위해 바로 풀링을 적용한다고 가정하겠습니다. 2×2 커널을 적용하고 스트라이드 2를 주면 앞에서 설명한 것과 같이 가로 세로의 크기가 반으로 줄어들게 됩니다. 그림으로 표현하면 다음과 같습니다. 이러한 과정을 여러 번 거치게 되면 가로 세로는 풀링에 의해 줄어들게 되고 필터를 점점 더 많이 적용할수록 채널의 수는 늘어나게 됩니다.

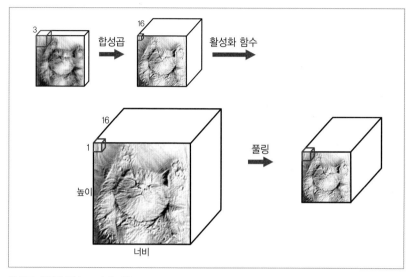

합성곱, 활성화 함수, 풀링의 적용

특성들을 충분히 뽑아냈다고 판단되면 이제 완전연결 레이어^{fully connected layer}를 적용할 차례입니다. 가로×세로×채널이었던 텐서를 한 줄로 쭉 펴면 가로×세로×채널의 길이를 가지는 하나의 벡터가 생성됩니다. 이제 이 벡터를 인수로 받는 인공 신경망을 만들어서 원하는 결과를 도출해내면 됩니다. 다음 그림은 풀링을 4번 적용해서 크기는 1/16로 줄고 채널은 첫 번째 은닉층의 16배로 늘어난 상태입니다.

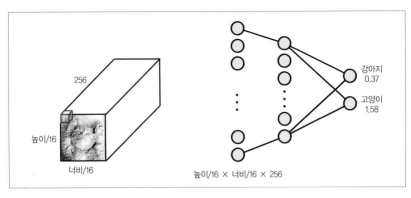

256

높이/16

너비/16

높이/16 × 너비/16 × 256

강아지
0.37

고양이
1.58

분류 문제에 적용

해당 이미지가 강아지인지 고양이인지 구분하는 문제를 푼다고 했을 때 인공 신경망의 결과는 앞의 그림처럼 특정 수치를 결괏값으로 내게 됩니다. 그럼 우리가 원하는 결과는 '고양이'라는 정답인데 어떻게 하면 인공 신경망의 결괏값을 정답과 비교하여 오류를 계산하고 역전파를 통해 모델을 학습시킬 수 있을까요? 다음 절에서 살펴보겠습니다.

5.5 소프트맥스 함수

우선 정답을 구분하려는 클래스의 개수에 맞게 바꿔야 합니다. 클래스의 개수가 2개이고 강아지, 고양이 순으로 모델의 결괏값이 도출된다면 고양이라는 정답은 [0, 1]의 벡터로 변환하고 강아지는 [1, 0]으로 변환시켜 개수를 맞춰줍니다. 이렇게 하나만 1이고 나머지는 0인 형태를 원-핫^{one-hot} 벡터라고 하고 이렇게 변환시키는 과정을 **원-핫 인코딩**^{one-hot encoding}이라고 부릅니다. 원-핫 인코딩은 본래의 정답을 확률분포로 변환해주는 것이라고 볼 수 있습니다. 즉 정답에 해당하는 확률은 1, 나머지는 다 0이 됩니다.

하지만 이렇게 해도 비교 가능한 상태는 아닙니다. 신경망의 결괏값이 확률이 아니기 때문이죠. 따라서 신경망의 결괏값을 확률로 바꿔줘야 하는데 이때 사용되는 방법이 **소프트맥스**softmax 함수입니다. 수식을 보면 다음과 같습니다.

$$\text{softmax}\left(y_i\right) = \frac{\exp\left(y_i\right)}{\sum_j \exp\left(y_j\right)}$$

결괏값 벡터에 있는 값들이 지수 함수를 통과하면 우선 모든 값은 양수가 됩니다. 강아지와 고양이 예시에서 결괏값으로 나온 [0.37, 1.58]은 지수 함수를 거쳐 $[e^{0.37}, e^{1.58}]$=[1.4477, 4.8549]로 변환되고 전체 합 중 각각의 비중이 소프트맥스 함수의 결과가 됩니다. 최종적으로 신경망의 결괏값은 [0.2296, 0.7704]라는 확률 값으로 변환됩니다(각각 1.4477 / (1.4477 + 4.8549) 및 4.8549 / (1.4477 + 4.8549)의 결과).

그렇다면 이 두 개의 확률 벡터는 어떤 기준으로 손실을 측정해야 할까요? 3장에서는 절댓값 거리를 기준으로 하는 L1 손실 함수, 차이의 제곱을 기준으로 하는 평균제곱오차 두 가지를 배웠습니다. 이 두 가지 손실 함수를 사용해도 학습이 안 되는 것은 아니지만 클래스를 구분하는 작업에서는 주로 **교차 엔트로피**cross entropy 손실 함수를 사용합니다. 교차 엔트로피를 이해하려면 먼저 엔트로피entropy부터 알아야 합니다. 엔트로피는 흔히 정보량의 기댓값으로 표현되며, 수식으로 쓰면 다음과 같습니다.

$$H\left(p\right) = -\sum_x p\left(x\right) \log p\left(x\right)$$

만약 $p(x)$가 일어날 확률이 낮아 작은 값을 가진다면 $-\log p(x)$ 값은 커지게 됩니다. 즉, 일어날 확률이 작을수록 가지고 있는 정보가 크고 일어날 확률이 클수록 가지고 있는 정보가 작은 것입니다. 엔트로피를 비트의 관점에서 생각해보면 확률이 반반인 동전 던지기는 엔트로피가 1이 되어 하나의 비트로 표현이 가능해지게 됩니다. 너무나 당연한 것 같지만 엔트로피의 개념은 중요하고 또한 많이 사용되므로 잘 이해해둬야 합니다.

$$H(X) = 0.5 \times (-\log_2 0.5) + 0.5 \times (-\log_2 0.5) = 1$$

동전 던지기의 확률이 원래 각각 1/2씩인데 누군가가 1/4, 3/4라고 잘못 예측했을 때 분포의 차이에 의해 생기는 추가적 손실은 어떻게 구할 수 있을까요? 이럴 때 사용되는 개념이 교차 엔트로피입니다. 식부터 살펴보면 다음과 같습니다.

$$H(p,q) = -\sum_x p(x) \log q(x)$$

교차 엔트로피는 목표로 하는 최적의 확률분포 p와 이를 근사하려는 확률분포 q가 얼마나 다른지를 측정하는 방법입니다. 즉 교차 엔트로피는 원래 p였던 분포를 q로 표현했을 때 얼마만큼의 비용이 드는지를 측정한다고 할 수 있습니다. 분포가 이산적인 경우에는 앞의 식처럼 발생할 수 있는 모든 경우에 수에 대해 p, q 확률을 구해 값을 계산할 수 있습니다. 동전 던지기의 예시를 계산해보면 다음과 같이 계산됩니다.

$$H(p,q) = 0.5 \times (-\log_2 0.25) + 0.5 \times (-\log_2 0.75) = 1 + 0.2075 = 1.2075$$

결과를 살펴보면 기존의 엔트로피 1보다 큰 1.2075라는 값이 나왔습니다. 최적인 상태보다 더 많은 비트가 필요하고 그만큼의 손해가 발생하는 셈입니다. 식을 전개해서 다음과 같이 표현하기도 합니다.

$$H(p,q) = H(p) + \sum_x p(x) \log \frac{p(x)}{q(x)}$$
$$= H(\mathrm{p}) + D_{KL}(p \| q)$$

즉 교차 엔트로피는 최적의 분포 p의 엔트로피에 **KLD** 항을 더한 것으로 표현할 수 있습니다. KLD는 **쿨백–라이블러 발산**^{Kullback–Leibler divergence}의 줄임말로, 분포 p를 기준으로 q가 얼마나 다른지를 측정하는 방법이고, 따라서 교차 엔트로피를 최소화한다는 것은 p의 엔트로피는 고정된 값이므로 KLD를 최소화하여 q가 p

의 분포와 최대한 같아지게 한다는 의미입니다.

예를 들어보겠습니다. 강아지인지 고양이인지 판별하는 예시로 돌아가서, 실제 정답이 고양이인데 강아지, 고양이 순으로 [0.1, 0.9]의 소프트맥스 결과가 나왔다고 가정합시다. 이때 교차 엔트로피 손실은 수식에 따라 0.1053 ($-[0 \times \log_e 0.1 + 1 \times \log_e 0.9]$)이 나오고 L1 손실은 고양이만 비교해보면 0.1이 나옵니다. 별 차이가 없는 것처럼 보이기도 하는데 예측을 더 못했을 경우를 생각해보겠습니다. 고양이를 0.3으로 예측했다면 교차 엔트로피 손실은 1.2039 ($-[0 \times \log_e 0.7 + 1 \times \log_e 0.3]$), L1 손실은 0.7이 나옵니다. 혹은 더 예측을 못해 고양이를 0.1로 예측했다면 교차 엔트로피 손실은 2.3025 ($-[0 \times \log_e 0.9 + 1 \times \log_e 0.1]$), L1 손실은 0.9입니다.

여기까지 추세를 살펴보면 교차 엔트로피 값은, 예측이 잘못될수록 L1 손실(선형적으로 증가)보다 더 크게 증가하는 것을 확인할 수 있습니다. 그만큼 더 페널티가 크고 손실 값이 크기 때문에 학습 면에서도 교차 엔트로피 손실을 사용하는 것이 장점이 있다는 뜻입니다. 따라서 분류 문제에서는 교차 엔트로피 손실을 많이 사용합니다.

5.6 모델 구현, 학습 및 결과 확인

지금부터는 간단한 합성곱 신경망을 구현해보겠습니다. 이번 예제 코드부터는 한눈에 보기에는 길이가 있어서 부분부분 나누어 설명하겠습니다. 먼저 필요한 모듈을 불러오고 **하이퍼파라미터**hyperparameter를 설정하는 부분입니다. 하이퍼파라미터란 학습의 대상이 아니라 학습 이전에 정해놓는 변수를 의미합니다. 필터를 몇 개 사용할 것인지, 합성곱 신경망의 은닉층 수는 몇 개로 할 것인지, 학습률은 몇으로 할 것인지, 배치 사이즈는 몇으로 할 것인지 같은 요소가 이에 해당됩니다.

```
import torch
import torch.nn as nn
import torch.optim as optim
import torch.nn.init as init
import torchvision.datasets as dset
import torchvision.transforms as transforms
from torch.utils.data import DataLoader

batch_size = 256
learning_rate = 0.0002
num_epoch = 10
```

이번에 새롭게 사용하는 모듈은 torch.utils.data에 있는 DataLoader 모듈과 torchvision의 dataset, transforms입니다. 모델을 학습하기 위해서는 지속적으로 데이터를 모델에 전달해야 합니다. 또한 데이터를 하나씩 전달하지 않고 원하는 **배치 사이즈**^{batch size}대로 묶어서 전달하거나 더 효율적인 학습을 위해 데이터를 어떤 규칙에 따라 정렬하거나 섞거나 해야 하는데 이런 역할을 해주는 것이 바로 DataLoader 모듈입니다. torchvision(토치비전)은 유명한 영상처리용 데이터셋, 모델, 이미지 변환기가 들어 있는 패키지로서, 여기서 dataset 모듈은 데이터를 읽어오는 역할, transforms는 불러온 이미지를 필요에 따라 변환해주는 역할을 합니다. 이 모듈들을 어떻게 사용하는지 바로 이어서 보겠습니다.

```
mnist_train = dset.MNIST("./", train=True, transform=transforms.ToTensor(),
                         target_transform=None, download=True)
mnist_test = dset.MNIST("./", train=False, transform=transforms.ToTensor(),
                        target_transform=None, download=True)

train_loader = torch.utils.data.DataLoader(mnist_train,batch_size=batch_size,
                                           shuffle=True,num_workers=2,drop_last=True)
test_loader = torch.utils.data.DataLoader(mnist_test,batch_size=batch_size,
                                          shuffle=False,num_workers=2,drop_last=True)
```

코드를 보면 거의 똑같은 코드가 '학습 데이터'와 '테스트 데이터'에 대해 반복되는 것을 알 수 있습니다. 여기서 사용하는 코드는 **MNIST 데이터베이스**라는 유명한 데이터셋으로 가로 세로 길이 28의 숫자 이미지로 이루어진 데이터셋입니다. 각 숫자는 0에서부터 9까지 손으로 쓴 이미지입니다. dset.MNIST 함수에서 첫 번째 인수는 데이터의 경로입니다. 예제에서는 경로로 ./를 사용했는데 이는 현재 코드가 있는 위치를 경로로 사용하겠다는 의미입니다. 두 번째 인수 train에 True를 넣으면 학습 데이터를 불러오고 False를 넣으면 테스트 데이터를 불러옵니다. 그다음 transform과 target_transform은 각각 데이터와 라벨에 대한 변형을 의미합니다. MNIST 데이터는 이미지와 그 이미지에 해당하는 라벨 카테고리 즉, 0에서 9까지 숫자 중 하나가 매칭이 되어 있습니다. 이 중에 transform은 이미지에 대한 변형인데, 예제 코드에서는 이미지 데이터를 파이토치 텐서로 변환하는 transforms.ToTensor만 들어가 있고 라벨에 대한 변환은 아무것도 하지 않습니다. 마지막 download 인수는 현재 경로에 MNIST 데이터가 없을 경우에 다운로드하겠다는 의미입니다.

그다음에는 DataLoader 부분입니다. 앞에서 dset.MNIST를 통해 정리된 데이터를 batch_size 개수만큼 묶는다는 뜻이고, 셔플 여부(shuffle), 데이터를 묶을 때 사용할 프로세스 개수(num_workers), 묶고 남는 데이터는 버릴지 여부(drop_last) 등에 대한 설정입니다. 이렇게 생성된 train_loader와 test_loader는 순차적으로 모델에 데이터를 전달해줍니다. 이번에는 합성곱 신경망 모델로 넘어가보겠습니다. 이후로는 편의를 위해 모델을 클래스로 만들겠습니다.

```python
class CNN(nn.Module):
    def __init__(self):
        super(CNN,self).__init__()
        self.layer = nn.Sequential(
            nn.Conv2d(1,16,5),
            nn.ReLU(),
            nn.Conv2d(16,32,5),
```

```
                nn.ReLU(),
                nn.MaxPool2d(2,2),
                nn.Conv2d(32,64,5),
                nn.ReLU(),
                nn.MaxPool2d(2,2)
            )
        self.fc_layer = nn.Sequential(
                nn.Linear(64*3*3,100),
                nn.ReLU(),
                nn.Linear(100,10)
            )

    def forward(self,x):
        out = self.layer(x)
        out = out.view(batch_size,-1)
        out = self.fc_layer(out)
        return out
```

코드를 보면 클래스 안에 모델의 각 연산들이 정의되어 있고, 또한 forward 함수에서 연산들을 순차적으로 실행하여 결괏값만 리턴하도록 정의되어 있습니다. __init__ 함수에 있는 super 클래스는 CNN 클래스의 부모 클래스인 nn.Module을 초기화하는 역할을 합니다.

합성곱 연산은 nn.Conv2d 함수를 통해 이루어지는데 인수로는 in_channels, out_channels, kernel_size, stride, padding 등이 있습니다. 주요 인수만 설명하겠습니다. 우선 in_channels와 out_channels인데요, 앞서 합성곱 연산의 3차원적 이해에서 RGB 3 채널 데이터를 입력으로 받았던 것을 예로 들어 설명하면 in_channels에는 3이 들어가게 되고 16개로 설정했던 필터의 개수가 out_channels에 들어가게 됩니다. 배치까지 포함한 텐서의 형태로 생각하면 입력은 [batch_size, in_channels, 가로, 세로]가 되고 합성곱 연산의 결과는 [batch_size, out_channels, 가로, 세로]가 됩니다. 연산으로 인해 가로, 세로 크기는 바뀔 수 있습니다. 지금 사용하는 MNIST 데이터셋은 [batch_size, 1, 가로, 세로]의 형태이므로 CNN 클래스에서 첫 번째 연산을 nn.Conv2d(1,16,5)

로 설정했습니다. 즉 out_channels로 16을 넣었고, kernel_size는 5로 임의로 넣었습니다. 예제에서는 stride와 padding이 각각 기본값이 1과 0으로 되어 있지만 이 값을 바꾸면 결과 텐서 역시 변하게 됩니다.

[batch_size, 1, 28, 28]이었던 입력값은 첫 nn.Conv2d(1,16,5) 연산을 통과해 [batch_size, 16, 24, 24]가 됩니다. 이미지의 크기는 앞서 5장 3절에서 배운 다음 식을 통해 계산됩니다.

$$O = \text{floor}\left(\frac{I - K + 2P}{S} + 1\right)$$

첫 번째 합성곱 연산에서 입력의 한 변의 크기 I는 28입니다. 또한 필터(커널)의 크기 K는 5, 패딩은 없으므로 P는 0, 스트라이드는 따로 설정하지 않았기 때문에 기본값인 1입니다. 이렇게 해서 식에 값들을 대입해보면 아래와 같이 계산됩니다.

$$\text{floor}\left(\frac{28 - 5 + 0}{1} + 1\right) = 24$$

이후의 과정들도 위의 식을 통해서 결과의 크기를 계산할 수 있습니다.

이번에는 이 결과 텐서를 활성화 함수인 nn.ReLU()에 넣어줍니다. 이 과정을 다시 한번 반복하여 nn.Conv2d(16,32,5), nn.ReLU() 연산을 통과하면 [batch_size, 32, 20, 20]이 됩니다.

그다음에는 nn.MaxPool2d(2,2) 연산이 나옵니다. 이 연산은 인수로 kernel_size, stride, padding 등을 받는데 역시 주요 인수만 설명하겠습니다. 우선 kernel_size는 풀링 연산을 할 때 한 번에 훑는 영역의 크기입니다. 하나의 숫자 k를 전달하면 k×k 영역에서 풀링하고 stride만큼 이동합니다. 예제처럼 kernel_size=2, stride=2를 전달하면 2×2 영역에서 풀링을 하고 2만큼 이동하므로, 연산 후에는 텐서가 반으로 줄어들게 됩니다. 결과적으로 [batch_size, 32, 20, 20]였던 텐서는 [batch_size, 32, 10, 10] 크기가 됩니다.

그 이후의 연산 nn.Conv2d(32,64,5), nn.ReLU(), nn.MaxPool2d(2,2)가 실행되면 텐서의 크기는 [batch_size, 32, 10, 10]에서 [batch_size, 64, 6, 6]가 되었다가 다시 [batch_size, 64, 3, 3]이 됩니다. 그다음부터는 인공 신경망에서 했던 것처럼 Linear 함수를 통해 10개의 카테고리로 뉴런의 수를 줄여나갑니다. forward 함수에서 [batch_size, 64, 3, 3] 형태의 텐서를 view 함수를 통해 바꿔줍니다. 이때 view 함수에 인수로 목표하는 새로운 형태 [batch_size, -1]을 전달합니다. 여기서 -1은 -1인 부분을 알아서 계산하라는 의미를 가집니다. 예를 들어 원래 [4, 16] 형태였던 텐서는 tensor.view(2,-1)를 거치면 [2, 32]로 형태가 바뀌게 됩니다. 이렇게 형태를 바꿔주는 이유는 합성곱 연산에서 요구되는 텐서의 형태와 Linear 연산에서 요구되는 텐서의 형태가 다르기 때문입니다. 형태가 바뀐 텐서에 nn.Linear(64*3*3,100), nn.ReLU(), nn.Linear(100,10) 연산을 차례대로 실행하면 [batch_size, 10] 형태의 텐서가 나오게 됩니다.

이제 지금까지 봤던 코드처럼 모델을 초기화하고 교차 엔트로피 손실 함수를 지정하겠습니다. 최적화 함수로는 3.3절에서 배운 SGD를 써도 되지만 여기에서는 새롭게 Adam 알고리즘(7.8절에서 배웁니다)을 사용하겠습니다.

```
device = torch.device("cuda:0" if torch.cuda.is_available() else "cpu")
model = CNN().to(device)
loss_func = nn.CrossEntropyLoss()
optimizer = torch.optim.Adam(model.parameters(), lr=learning_rate)
```

그다음에는 익숙한 학습 진행 코드입니다. train_loader에서 image와 label 쌍을 batch_size만큼씩 받아와서 모델에 전달하고 손실을 계산하고 손실에 대한 경사하강법을 진행하여 모델을 업데이트합니다.

```
loss_arr =[]
for i in range(num_epoch):
```

```
    for j,[image,label] in enumerate(train_loader):
        x = image.to(device)
        y_= label.to(device)

        optimizer.zero_grad()
        output = model.forward(x)
        loss = loss_func(output,y_)
        loss.backward()
        optimizer.step()

        if j % 1000 == 0:
            print(loss)
            loss_arr.append(loss.cpu().detach().numpy())
```

마지막 부분은 학습된 모델을 테스트 데이터에 대해 검증해보는 부분입니다.

```
correct = 0
total = 0

with torch.no_grad():
    for image,label in test_loader:
        x = image.to(device)
        y_= label.to(device)

        output = model.forward(x)
        _,output_index = torch.max(output,1)

        total += label.size(0)
        correct += (output_index == y_).sum().float()

    print("Accuracy of Test Data: {}".format(100*correct/total))
```

먼저 맞은 개수, 전체 개수를 담당할 변수를 지정해주고 0으로 초기화합니다. 그리고 torch.no_grad()라는 조건에서 테스트를 진행하는데 이는 기울기를 계산하지 않겠다는 것을 의미합니다. 모델에 테스트 데이터를 넣어주면 어떤 결과가 나올 텐데, 이때 torch.max 함수를 사용해서 최댓값과 그 인덱스를 구합니다. 그리고 그 인덱스가 정답 라벨과 일치하는지에 따라 맞은 개수 변수에 더해줍니다. 라벨의 형태(size)의 0번째 인덱스 값은 배치 사이즈에 해당하기 때문에 이를 전부 더해서 전체 개수 변수에 더해줍니다. 모든 테스트 데이터를 모델에 통과해서 이 값들을 얻고, 마지막에 테스트 데이터 정확도를 출력합니다.

5.7 유명한 모델들과 원리

기본적인 합성곱 인공 신경망을 알아보았으니 이번에는 이미지넷 대회에서 좋은 성적을 거뒀던 모델들 위주로 합성곱 인공 신경망 형태의 발전에 대해 알아보겠습니다. 대회는 분류 문제에 대한 정확도에 따라 평가했기 때문에 이에 대한 정확도를 높이는 방식으로 발전되었지만 그 과정에서 나온 아이디어들은 세그멘테이션이나 디텍션 같은 분야에서도 유효하다는 것이 많은 논문에서 증명되었습니다. 다음 그림은 2010년부터 2015년까지의 정확도의 변화입니다(오른쪽에서 왼쪽으로).

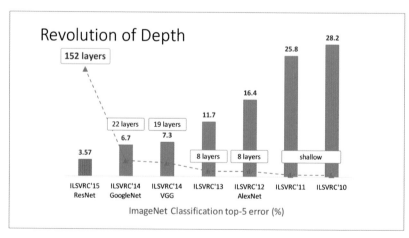

이미지넷 대회 정확도의 변화(https://icml.cc/2016/tutorials/icml2016_tutorial_deep_residual_networks_kaiminghe.pdf)

VGGNet

첫 번째 살펴볼 모델은 **VGGNet**입니다. 앞의 그림에서 보았듯이 합성곱 인공 신경망의 깊이는 점점 깊어지는 추세입니다. VGGNet 논문을 보면 신경망의 깊이가 모델의 성능에 미치는 영향을 조사하기 위해 해당 연구를 시작했다고 언급되어 있습니다. 해당 논문에서는 깊이의 영향만을 파악하기 위해 상당히 단순한 연산만을 가지고 모델을 구성했습니다. 따라서 3×3 합성곱, 맥스 풀링, 완전연결 네트워크 세 가지 연산만을 가지고 모델을 구성했습니다.

논문을 살펴보면 11개의 레이어를 가진 모델부터 19개의 레이어를 가진 모델까지 다양한 깊이의 모델들을 가지고 실험을 진행했고, 2014년도 대회에서 1위인 GoogLeNet과 근소한 차이로 2위를 했습니다. VGGNet에서 사용한 설정은 다음 표를 참고하세요. 표에서 conv3-64는 하나의 합성곱 연산과 렐루 활성화 함수 블록을 의미하며 필터의 크기가 3, 필터의 수가 64개임을 의미합니다. 표에서는 생략되었지만 패딩은 1입니다. 이후 이 책에서 살펴볼 모든 모델이 마찬가지지만, 캡션에 있는 출처에서 논문을 다운로드할 수 있으니 실제 논문을 살펴보면 더 좋습니다.

VGGNet에서 사용한 다양한 깊이의 모델들(*https://arxiv.org/pdf/1409.1556*)

A	A-LRN	B	C	D	E
11 weight layers	11 weight layers	13 weight layers	16 weight layers	16 weight layers	19 weight layers
input (224 × 224 RGB image)					
conv3-64	conv3-64	conv3-64	conv3-64	conv3-64	conv3-64
	LRN	**conv3-64**	conv3-64	conv3-64	conv3-64
maxpool					
conv3-128	conv3-128	conv3-128	conv3-128	conv3-128	conv3-128
		conv3-128	conv3-128	conv3-128	conv3-128
maxpool					
conv3-256	conv3-256	conv3-256	conv3-256	conv3-256	conv3-256

A	A-LRN	B	C	D	E
conv3-256	conv3-256	conv3-256	conv3-256	conv3-256	conv3-256
			conv1-256	**conv3-256**	conv3-256
					conv3-256
maxpool					
conv3-512	conv3-512	conv3-512	conv3-512	conv3-512	conv3-512
conv3-512	conv3-512	conv3-512	conv3-512	conv3-512	conv3-512
			conv1-512	**conv3-512**	**conv3-512**
					conv3-512
maxpool					
conv3-512	conv3-512	conv3-512	conv3-512	conv3-512	conv3-512
conv3-512	conv3-512	conv3-512	conv3-512	conv3-512	conv3-512
			conv1-512	**conv3-512**	**conv3-512**
					conv3-512
maxpool					
FC-4096					
FC-4096					
FC-1000					
soft-max					

지금부터 두 가지 버전의 예제 코드를 살펴보겠습니다. 하나는 단순하게 짠 버전, 다른 하나는 torchvision에 사용된 파이토치 공식 구현 코드입니다.

먼저 단순하게 짠 코드입니다. 16개의 레이어를 짜는 게 목적으로 앞의 표에서 D 열에 해당합니다. 즉 합성곱 연산이 2번 반복되는 부분이 2개, 3번 반복되는 부분이 3개입니다. 이 반복되는 부분을 코드로 짜면 다음과 같습니다. 연산 이후에는 항상 맥스 풀링이 들어가기 때문에 이도 포함되어 있습니다.

```
def conv_2_block(in_dim,out_dim):
    model = nn.Sequential(
        nn.Conv2d(in_dim,out_dim,kernel_size=3,padding=1),
        nn.ReLU(),
        nn.Conv2d(out_dim,out_dim,kernel_size=3,padding=1),
```

```
            nn.ReLU(),
            nn.MaxPool2d(2,2)
        )
        return model


def conv_3_block(in_dim,out_dim):
    model = nn.Sequential(
        nn.Conv2d(in_dim,out_dim,kernel_size=3,padding=1),
        nn.ReLU(),
        nn.Conv2d(out_dim,out_dim,kernel_size=3,padding=1),
        nn.ReLU(),
        nn.Conv2d(out_dim,out_dim,kernel_size=3,padding=1),
        nn.ReLU(),
        nn.MaxPool2d(2,2)
    )
    return model
```

이렇게 만들어놓으면 전체 모델을 완성할 때 반복이 일부 줄어들게 됩니다. 앞의 두 함수를 사용해 16개 레이어를 가진 전체 모델을 만들면 다음과 같습니다.

```
class VGG(nn.Module):
    def __init__(self, base_dim, num_classes=2):
        super(VGG, self).__init__()
        self.feature = nn.Sequential(
            conv_2_block(3,base_dim),
            conv_2_block(base_dim,2*base_dim),
            conv_3_block(2*base_dim,4*base_dim),
            conv_3_block(4*base_dim,8*base_dim),
            conv_3_block(8*base_dim,8*base_dim),
        )
        self.fc_layer = nn.Sequential(
            nn.Linear(8*base_dim * 7 * 7, 100),
            nn.ReLU(True),
            nn.Linear(100, 20),
            nn.ReLU(True),
            nn.Linear(20, num_classes),
        )
```

```
def forward(self, x):
    x = self.feature(x)
    x = x.view(x.size(0), -1)
    x = self.fc_layer(x)
    return x
```

이 구현은 블록 단위로 순서대로 읽기에는 편하지만, 16개 레이어만을 위한 코드이므로 11개나 19개 등 다른 경우를 처리하려면 큰 수정이 불가피하다는 단점이 있습니다.

이번에는 파이토치 공식 구현 버전을 살펴보겠습니다. VGGNet을 비롯해 유명한 모델들의 파이토치 공식 코드는 해당 깃허브 저장소의 *models* 디렉터리에서 찾을 수 있습니다(*https://github.com/pytorch/vision/tree/master/torchvision/models*).

```
class VGG(nn.Module):

    def __init__(self, features, num_classes=1000, init_weights=True):
        super(VGG, self).__init__()
        self.features = features
        self.avgpool = nn.AdaptiveAvgPool2d((7, 7))
        self.classifier = nn.Sequential(
            nn.Linear(512 * 7 * 7, 4096),
            nn.ReLU(True),
            nn.Linear(4096, 4096),
            nn.ReLU(True),
            nn.Linear(4096, num_classes),
        )
        if init_weights:
            self._initialize_weights()

    def forward(self, x):
        x = self.features(x)
        x = self.avgpool(x)
        x = x.view(x.size(0), -1)
```

```
        x = self.classifier(x)
        return x

    def _initialize_weights(self):
        for m in self.modules():
            if isinstance(m, nn.Conv2d):
                nn.init.kaiming_normal_(m.weight, mode='fan_out', nonlinearity='relu')
                if m.bias is not None:
                    nn.init.constant_(m.bias, 0)
            elif isinstance(m, nn.BatchNorm2d):
                nn.init.constant_(m.weight, 1)
                nn.init.constant_(m.bias, 0)
            elif isinstance(m, nn.Linear):
                nn.init.normal_(m.weight, 0, 0.01)
                nn.init.constant_(m.bias, 0)


def make_layers(cfg, batch_norm=False):
    layers = []
    in_channels = 3
    for v in cfg:
        if v == 'M':
            layers += [nn.MaxPool2d(kernel_size=2, stride=2)]
        else:
            conv2d = nn.Conv2d(in_channels, v, kernel_size=3, padding=1)
            if batch_norm:
                layers += [conv2d, nn.BatchNorm2d(v), nn.ReLU(inplace=True)]
            else:
                layers += [conv2d, nn.ReLU(inplace=True)]
            in_channels = v
    return nn.Sequential(*layers)


cfgs = {
    'A': [64, 'M', 128, 'M', 256, 256, 'M', 512, 512, 'M', 512, 512, 'M'],
    'B': [64, 64, 'M', 128, 128, 'M', 256, 256, 'M', 512, 512, 'M', 512, 512, 'M'],
    'D': [64, 64, 'M', 128, 128, 'M', 256, 256, 256, 'M', 512, 512, 512, 'M', 512, 512,
          512, 'M'],
    'E': [64, 64, 'M', 128, 128, 'M', 256, 256, 256, 256, 'M', 512, 512, 512, 512, 'M',
```

```
      512, 512, 512, 512, 'M'],
   }
```

공식 구현과 앞에서 본 단순한 버전과의 가장 큰 차이는 VGG 클래스의 features 에 들어가는 모델을 make_layers라는 함수를 통해 생성한다는 점입니다.

또한 모델 구조를 cfgs에 미리 정의해두었는데, 이는 앞의 표를 그대로 딕셔너 리로 옮겨놓은 것으로, 여기서 숫자는 필터의 수를 의미하고, M은 맥스풀링을 의미합니다. 이를 이용하면 A 열을 사용할지, E 열을 사용할지 등을 지정하기 만 하면 VGGNet 논문에서 사용한 다양한 모델들을 간단하게 생성할 수 있습 니다.

make_layers 함수를 살펴보면 모델 구조를 인수로 받아, 우선 layers라는 빈 리 스트를 생성합니다. 그다음, 인수로 받은 cfg의 요소가 M이면 layers에 맥스풀 링 연산을 추가합니다. M이 아니라 숫자라면 그 숫자만큼의 필터를 가진 합성곱 연산을 만들고 배치 정규화 사용 여부에 따라 [합성곱 연산, 배치 정규화, 렐루 활성화 함수] 또는 [합성곱 연산, 렐루 활성화 함수]를 layers에 추가합니다. 모 두 추가한 이후에는 이를 nn.Sequential로 감싸서 리턴해줍니다.

GoogLeNet

다음에 살펴볼 모델은 2014년도에 가장 좋은 성적을 냈던 **GoogLeNet**입니다. 이 모델은 인셉션 모듈Inception module이라는 블록을 가지고 있어서 인셉션 네트워 크라고도 불립니다. GoogLeNet은 다음 그림처럼 아키텍처만 봐도 상당히 이 것저것 많이 들어가 있는 것을 알 수 있습니다.[1]

---

1 그림이 세로로 길다 보니 임의로 잘랐습니다. 입력은 왼쪽 아래에서 시작해서 오른쪽 아래로 이어집니다.

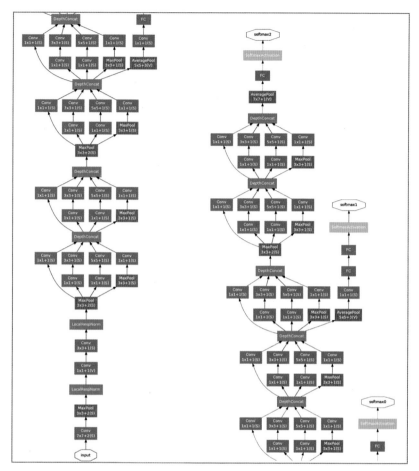

GoogLeNet 구조(*https://arxiv.org/pdf/1409.4842v1*)

처음 모델 구조를 보면 여태까지 봤던 모델들보다 상당히 복잡한데 자세히 보면
여기에도 반복이 있음을 알 수 있습니다. 빨간색 블록에서 시작해서 여러 갈래
로 갈라졌다 모이는 부분이 바로 인셉션 모듈에 해당하는데, 이 부분을 확대해
보면 다음과 같습니다.

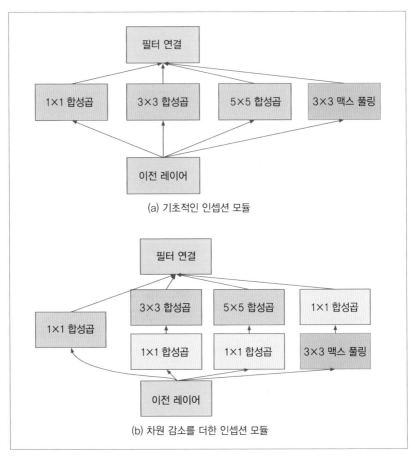

(a) 기초적인 인셉션 모듈

(b) 차원 감소를 더한 인셉션 모듈

인셉션 모듈

그림의 (a)에서 볼 수 있듯이 인셉션 모듈은 이전 단계의 활성화 지도에 다양한 필터 크기로 합성곱 연산을 적용합니다. 합성곱 연산은 입력값과 필터가 얼마나 일치하는지를 수치화하는데, 필터들의 크기가 다르다는 것은 각각 다른 연산 범위를 갖는다는 뜻입니다. 예를 들어 숲에서 나무를 찾을 때의 관점과 숲에서 나뭇잎을 찾는 관점이 다른 걸 생각해보면 이해가 쉽습니다. 나무와 나뭇잎의 크기가 다르기 때문에 각각에 맞는 크기의 필터를 적용해야 하는 것처럼, 활성화 지도에서 서로 다른 크기의 특징들을 뽑아내기 위해서 3×3 필터, 5×5 필터,

3×3 맥스 풀링 연산을 적용한다고 볼 수 있습니다.

그런데 (b)를 보면 (a)와는 달리 각각의 연산에 1×1 합성곱이 추가된 것을 볼 수 있습니다. 이는 (a) 모듈을 사용할 때 너무 많은 메모리를 사용하는 단점을 극복하기 위해 도입된 것입니다. 3×3 이나 5×5 합성곱은 입력값에 대해 필터와의 일치 정도를 측정한다는 것을 배웠습니다. 그렇다면 1×1 합성곱은 무엇이고 이 연산이 어떻게 메모리 효율성을 높여주는 걸까요? 1×1 합성곱 연산을 3차원적으로 살펴보겠습니다.

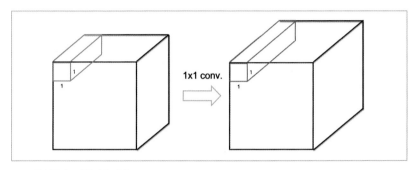

1×1 합성곱의 3차원적인 이해

1×1 합성곱은 이미지의 가로 세로 기준으로 하나의 픽셀만을 입력으로 받지만 채널 관점에서 봤을 때는 채널의 개수만큼의 입력을 받아서 하나의 결과를 생성하고 이를 목표 채널 수만큼 반복합니다. 그림에서 파란색(왼쪽) 육면체의 형태가 1×1×3이라고 가정하고 빨간색(오른쪽) 육면체의 형태가 1×1×5라고 가정하면 3개의 입력의 조합으로 빨간색 육면체의 첫 번째 값을 채우고 이 과정을 5번 반복한다고 할 수 있습니다. 결국 1×1 합성곱은 입력 채널과 결과 채널 간의 완전연결 네트워크라고 볼 수 있습니다.

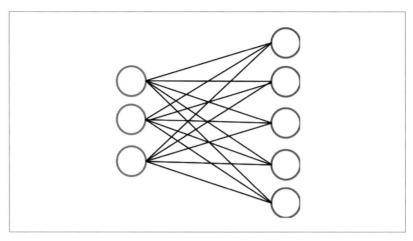

1×1 합성곱은 채널 간의 완전연결 네트워크와 동일

그렇다면 1×1 합성곱이 어떻게 메모리를 적게 쓰도록 만들까요? 앞의 예시에서는 채널의 수가 증가했지만 반대로 줄어들게 설계할 수도 있습니다. 예를 들어 128개에서 32개로 줄인다면 이를 통해 입력 텐서를 채널 방향으로 압축할 수 있는 것입니다. 기초적인 인셉션 모듈 (a)가 128개 채널에서 256개 채널로 늘어나는 연산이었다면 (b)는 128개의 채널을 1×1 합성곱을 통해 32개로 줄이고 다시 합성곱 연산을 통해 이를 256개의 채널로 늘립니다. 이렇게 되면 기존 연산보다 메모리 사용을 줄일 수 있습니다. 1×1 합성곱 연산이 완전연결 네트워크이므로 연산이 더 늘어날 것 같지만, 입력값의 가로 세로 어느 위치에나 동일하게 적용되는 합성곱 연산의 특성 때문에 기존 연산보다 적은 메모리를 사용합니다.

인셉션 모듈에는 1×1 연산, 1×1 이후 3×3 연산, 1×1 이후 5×5 연산, 3×3 맥스 풀링 이후 1×1 연산 이렇게 4가지의 연산이 있는데 각각의 연산 결과들을 채널 차원으로 붙여줍니다. 그러려면 가로 세로 해상도가 같아야 하는데 이는 적절한 패딩과 스트라이드 설정으로 가능합니다. 먼저 4가지 연산을 코드로 한번 살펴보겠습니다.

```
def conv_1(in_dim,out_dim):
    model = nn.Sequential(
        nn.Conv2d(in_dim,out_dim,1,1),
        nn.ReLU(),
    )
    return model

def conv_1_3(in_dim,mid_dim,out_dim):
    model = nn.Sequential(
        nn.Conv2d(in_dim,mid_dim,1,1),
        nn.ReLU(),
        nn.Conv2d(mid_dim,out_dim,3,1,1),
        nn.ReLU()
    )
    return model

def conv_1_5(in_dim,mid_dim,out_dim):
    model = nn.Sequential(
        nn.Conv2d(in_dim,mid_dim,1,1),
        nn.ReLU(),
        nn.Conv2d(mid_dim,out_dim,5,1,2),
        nn.ReLU()
    )
    return model


def max_3_1(in_dim,out_dim):
    model = nn.Sequential(
        nn.MaxPool2d(3,1,1),
        nn.Conv2d(in_dim,out_dim,1,1),
        nn.ReLU(),
    )
    return model
```

이렇게 각각의 연산을 구현한 함수들을 조합하면 인셉션 모듈을 만들 수 있습니다. 채널 수는 논문에 있는 표(논문의 Table 1)를 참고하여 다음과 같이 작성했습니다. 이 모델 역시 파이토치 공식 구현 버전도 있는데 이보다 훨씬 복잡하게 작성되어 있습니다.

```python
class inception_module(nn.Module):
    def __init__(self,in_dim,out_dim_1,mid_dim_3,out_dim_3,mid_dim_5,out_dim_5,pool):
        super(inception_module,self).__init__()

        self.conv_1 = conv_1(in_dim,out_dim_1)
        self.conv_1_3 = conv_1_3(in_dim,mid_dim_3,out_dim_3)
        self.conv_1_5 = conv_1_5(in_dim,mid_dim_5,out_dim_5)
        self.max_3_1 = max_3_1(in_dim,pool)

    def forward(self,x):
        out_1 = self.conv_1(x)
        out_2 = self.conv_1_3(x)
        out_3 = self.conv_1_5(x)
        out_4 = self.max_3_1(x)
        output = torch.cat([out_1,out_2,out_3,out_4],1)
        return output
```

입력이 들어오면 4가지 연산을 따로 진행해주고 마지막에 채널 방향으로 이를 붙여주는 모듈입니다.

이상을 바탕으로 전체 모델을 구현하면 다음과 같습니다.

```python
class GoogLeNet(nn.Module):
    def __init__(self, base_dim, num_classes=2):
        super(GoogLeNet, self).__init__()
        self.layer_1 = nn.Sequential(
            nn.Conv2d(3,base_dim,7,2,3),
            nn.MaxPool2d(3,2,1),
            nn.Conv2d(base_dim,base_dim*3,3,1,1),
            nn.MaxPool2d(3,2,1),
        )
        self.layer_2 = nn.Sequential(
            inception_module(base_dim*3,64,96,128,16,32,32),
            inception_module(base_dim*4,128,128,192,32,96,64),
            nn.MaxPool2d(3,2,1),
```

```
        )
        self.layer_3 = nn.Sequential(
            inception_module(480,192,96,208,16,48,64),
            inception_module(512,160,112,224,24,64,64),
            inception_module(512,128,128,256,24,64,64),
            inception_module(512,112,144,288,32,64,64),
            inception_module(528,256,160,320,32,128,128),
            nn.MaxPool2d(3,2,1),
        )
        self.layer_4 = nn.Sequential(
            inception_module(832,256,160,320,32,128,128),
            inception_module(832,384,192,384,48,128,128),
            nn.AvgPool2d(7,1),
        )
        self.layer_5 = nn.Dropout2d(0.4)
        self.fc_layer = nn.Linear(1024,1000)


    def forward(self, x):
        out = self.layer_1(x)
        out = self.layer_2(out)
        out = self.layer_3(out)
        out = self.layer_4(out)
        out = self.layer_5(out)
        out = out.view(batch_size,-1)
        out = self.fc_layer(out)

        return out
```

마지막으로 GoogLeNet의 구조를 보면 보조 분류기[auxiliary classifier]가 반복적으로 사용되는데, 이것이 무엇인지 살펴보겠습니다.

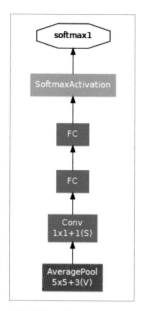

보조 분류 네트워크

많은 모델은 대부분 마지막 부분에만 분류기가 있지만 인셉션 네트워크는 중간 중간에 보조 분류기를 두었습니다. 보조 분류기는 모델이 깊어지면서 마지막 단의 분류 네트워크에서 발생한 손실이 모델의 입력 부분까지 전달이 안 되는 현상을 극복하기 위해 사용되었습니다. 즉 학습을 보조하는 역할입니다. 물론 학습 이후 테스트 시에는 사용되지 않습니다.

ResNet

마지막으로 살펴볼 모델은 2015년에 나온 **ResNet**입니다. ResNet은 네트워크를 얼마나 깊이 쌓을 수 있을까라는 의문에서 시작되었고, 해당 논문의 연구자들은 일정 수준 이상의 깊이가 되면 오히려 얕은 모델보다 깊은 모델의 성능이 더 떨어진다는 점을 발견했습니다. 그래서 이 문제를 해결할 방법으로 잔차 학습residual learning이란 방법을 제시했고 이를 구현한 ResNet으로 2015년도 이미지넷 대회에서 우승했습니다.

아이디어는 꽤 단순합니다. 특정 위치에서 입력이 들어왔을 때 합성곱 연산을
통과한 결과와 입력으로 들어온 결과 두 가지를 더해서 다음 레이어에 전달하는
게 ResNet의 핵심입니다.

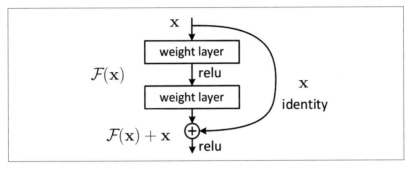

잔차 학습 블록(*https://arxiv.org/pdf/1512.03385*)

잔차 학습 블록은 이전 단계에서 뽑았던 특성들을 변형시키지 않고 그대로 더해
서 전달하기 때문에 입력 단에 가까운 곳에서 뽑은 단순한 특성과 뒷부분에서
뽑은 복잡한 특성 모두를 사용한다는 장점을 가지고 있습니다. 또한 더하기 연
산은 역전파 계산을 할 때 기울기가 1이기 때문에 손실이 줄어들거나 하지 않고
모델의 앞부분까지 잘 전파되기 때문에, 학습 면에서도 GoogLeNet처럼 보조
분류기가 필요하지 않다는 장점도 있습니다.

ResNet의 전체적인 모델 구조를 다른 모델과 비교해서 살펴보면 다음과 같습
니다.

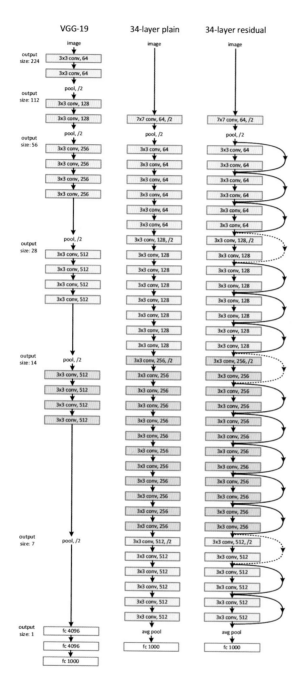

다른 네트워크와 ResNet 비교

모델의 깊이는 VGG 네트워크보다 더 깊어졌고, 논문에서는 레이어를 152개까지 사용했습니다. 따라서 모델의 크기도 커졌고, 이에 따라 ResNet 연구자들도 GoogLeNet처럼 1×1 합성곱을 활용했습니다. 다만 좀 다른 형태로 적용했고 여기에 보틀넥(병목)bottleneck이라는 이름을 붙였습니다. 형태는 다음과 같습니다.

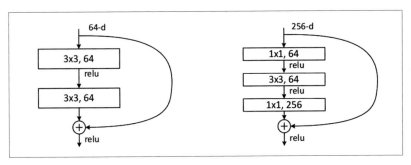

보틀넥 블록

보틀넥 블록은 먼저 1×1 합성곱으로 채널 방향 압축을 합니다. 그리고 이 압축된 상태에서 3×3 합성곱으로 추가 특성을 뽑아내고 다시 1×1 합성곱을 사용해 채널의 수를 늘려줍니다. 이렇게 함으로써 변수 수를 줄이면서도 원하는 개수의 특성을 뽑을 수 있도록 했습니다.

앞의 네트워크 구조를 다시 보면 잔차 블록의 형태가 두 가지인 것을 확인할 수 있습니다.

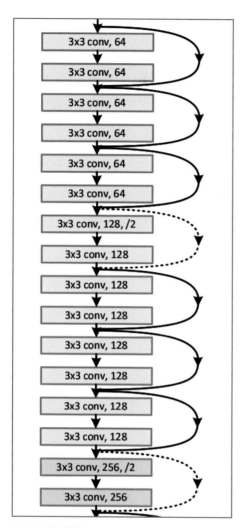

ResNet 구조 확대

실선은 특성 지도의 가로세로 해상도가 바뀌지 않는 경우이고 점선은 다운샘플링으로 인해 해상도가 바뀌는 경우입니다. 이 경우 이전 단계의 특성 지도가 가로세로 방향으로 각각 1/2이 됩니다. 다음에 살펴볼 예제 코드에서는 이 두 가지 경우를 하나의 클래스로 처리하도록 구현했습니다.

우선 기본적인 합성곱 블록 구현입니다.

```python
def conv_block_1(in_dim,out_dim,act_fn,stride=1):
    model = nn.Sequential(
        nn.Conv2d(in_dim,out_dim, kernel_size=1, stride=stride),
        act_fn,
    )
    return model


def conv_block_3(in_dim,out_dim,act_fn):
    model = nn.Sequential(
        nn.Conv2d(in_dim,out_dim, kernel_size=3, stride=1, padding=1),
        act_fn,
    )
    return model
```

이 블록들을 이용해 보틀넥 블록을 만들어보겠습니다. 코드에서 **down**은 블록을 통과했을 때 특성 지도의 크기가 줄어드는지 여부를 담는 불리언 변수입니다. 줄어들 경우 스트라이드가 2가 되어 크기가 반으로 줄어듭니다. 또한 경우에 따라 채널의 개수가 달라서 더해지지 않는 경우가 있는데 이럴 때는 차원을 맞춰주는 1×1 합성곱을 추가해 입력의 채널을 출력의 채널과 같게 만들어줍니다.

```python
class BottleNeck(nn.Module):
    def __init__(self,in_dim,mid_dim,out_dim,act_fn,down=False):
        super(BottleNeck,self).__init__()
        self.act_fn=act_fn
        self.down=down

        if self.down:
            self.layer = nn.Sequential(
                conv_block_1(in_dim,mid_dim,act_fn,2),
                conv_block_3(mid_dim,mid_dim,act_fn),
                conv_block_1(mid_dim,out_dim,act_fn),
            )
```

```
            self.downsample = nn.Conv2d(in_dim,out_dim,1,2)
        else:
            self.layer = nn.Sequential(
                conv_block_1(in_dim,mid_dim,act_fn),
                conv_block_3(mid_dim,mid_dim,act_fn),
                conv_block_1(mid_dim,out_dim,act_fn),
            )
            self.dim_equalizer = nn.Conv2d(in_dim,out_dim,kernel_size=1)

    def forward(self,x):
        if self.down:
            downsample = self.downsample(x)
            out = self.layer(x)
            out = out + downsample
        else:
            out = self.layer(x)
            if x.size() is not out.size():
                x = self.dim_equalizer(x)
            out = out + x
        return out
```

마지막으로 앞서 만든 블록의 사용해 ResNet 모델(레이어 50개)을 만드는 부분입니다. 코드에 반복되는 부분이 많은데, 더 깔끔한 코드는 파이토치의 공식 구현 코드를 참고하기 바랍니다.

```
class ResNet(nn.Module):

    def __init__(self, base_dim, num_classes=2):
        super(ResNet, self).__init__()
        self.act_fn = nn.ReLU()
        self.layer_1 = nn.Sequential(
            nn.Conv2d(3,base_dim,7,2,3),
            nn.ReLU(),
            nn.MaxPool2d(3,2,1),
        )
        self.layer_2 = nn.Sequential(
            BottleNeck(base_dim,base_dim,base_dim*4,self.act_fn),
```

```
            BottleNeck(base_dim*4,base_dim,base_dim*4,self.act_fn),
            BottleNeck(base_dim*4,base_dim,base_dim*4,self.act_fn,down=True),
        )
        self.layer_3 = nn.Sequential(
            BottleNeck(base_dim*4,base_dim*2,base_dim*8,self.act_fn),
            BottleNeck(base_dim*8,base_dim*2,base_dim*8,self.act_fn),
            BottleNeck(base_dim*8,base_dim*2,base_dim*8,self.act_fn),
            BottleNeck(base_dim*8,base_dim*2,base_dim*8,self.act_fn,down=True),
        )
        self.layer_4 = nn.Sequential(
            BottleNeck(base_dim*8,base_dim*4,base_dim*16,self.act_fn),
            BottleNeck(base_dim*16,base_dim*4,base_dim*16,self.act_fn),
            BottleNeck(base_dim*16,base_dim*4,base_dim*16,self.act_fn),
            BottleNeck(base_dim*16,base_dim*4,base_dim*16,self.act_fn),
            BottleNeck(base_dim*16,base_dim*4,base_dim*16,self.act_fn),
            BottleNeck(base_dim*16,base_dim*4,base_dim*16,self.act_fn,down=True),
        )
        self.layer_5 = nn.Sequential(
            BottleNeck(base_dim*16,base_dim*8,base_dim*32,self.act_fn),
            BottleNeck(base_dim*32,base_dim*8,base_dim*32,self.act_fn),
            BottleNeck(base_dim*32,base_dim*8,base_dim*32,self.act_fn),
        )
        self.avgpool = nn.AvgPool2d(7,1)
        self.fc_layer = nn.Linear(base_dim*32,num_classes)

    def forward(self, x):
        out = self.layer_1(x)
        out = self.layer_2(out)
        out = self.layer_3(out)
        out = self.layer_4(out)
        out = self.layer_5(out)
        out = self.avgpool(out)
        out = out.view(batch_size,-1)
        out = self.fc_layer(out)
        return out
```

이상 VGG, GoogLeNet, ResNet을 살펴보았습니다. 이들 모델 외에도 다
양한 아이디어를 제시한 연구들이 많이 있었습니다. 몇 가지만 예로 들면,

GoogLeNet의 장점과 ResNet의 장점을 합치고 배치 정규화(7.8절에서 배웁니다)를 더한 Inception v4 같은 모델이 발표되기도 했습니다. 또한 ResNet이 특성 지도를 서로 더하는 방식으로 잔차 학습을 했다면 이를 채널 방향으로 붙이는 방식으로 바꾸고 잔차 사이의 연결을 더 촘촘[dense]하게 변형해 적은 수의 변수로 더 좋은 성능을 보여준 DenseNet도 주목할 만한 연구였습니다.

순환 신경망

6.1 순환 신경망의 발달 과정

순환 신경망recurrent neural network(RNN)은 사실 합성곱 신경망보다 먼저 나왔습니다. 위키피디아에 따르면 1982년에 존 홉필드John Hopfield가 순환 신경망의 기본적인 형태를 대중화했다고 알려져 있지만, 해당 아이디어가 이때 처음 나온 것은 아니고 이전에도 언급된 적은 있다고 합니다.

이때 만들어진 순환 신경망이 오늘날의 순환 신경망의 형태로 오기까지는 꽤 많은 시간이 걸렸습니다. 발전된 연산 능력과 데이터의 증가로 인해 성과를 보일 수 있게 된 것이죠. 특히 발전 과정에서 나온 LSTMlong short-term memory과 GRUgated recurrent unit 같은 변형 모델들은 오늘날에도 많이 사용되고 있기 때문에 이 둘은 뒤에서 그림과 코드로 다시 설명하겠습니다.

기본적인 순환 신경망의 작동 원리에 대해 설명하기 이전에 이것이 왜 필요한지에 대해 먼저 설명하고 넘어가겠습니다. 우리가 어떻게 인식하고 사고하는지에 대해 생각해보면 쉽게 이해할 수 있습니다. 다음 그림을 먼저 보죠.

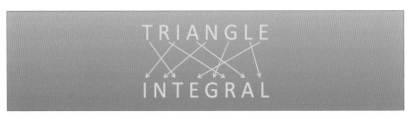

순서의 중요성(*https://mathjokes4mathyfolks.wordpress.com/2016/03/25/mathegories*)

TRIANGLE과 INTEGRAL이라는 글자는 같은 알파벳들의 나열이지만 순서가 다르기 때문에 완전히 다른 의미를 가지게 됩니다. 순서가 존재하지 않고 A 1개, E 1개, G 1개, I 1개, L 1개, N 1개, R 1개, T 1개 같은 단순한 알파벳 뭉치였다면 어떠한 단어적인 의미도 없게 되겠죠. 이처럼 순서가 존재하는 데이터를 **시퀀스**sequence 데이터라고 하며 대표적으로는 우리가 사용하는 언어가 여기에 포함됩니다. 똑같이 순서가 존재하지만 특별히 시간에 따른 의미가 존재하는 데이터도 있습니다. 대표적으로 주가를 들 수 있으며, 이러한 데이터를 흔히 **시계열** time series 데이터라고 합니다.

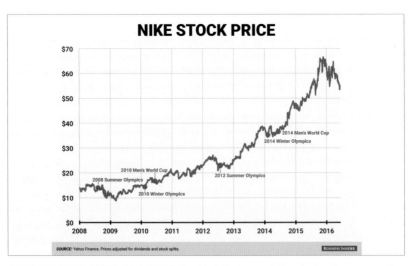

시간에 따른 의미가 존재하는 주식 데이터(*http://golddustaz.com/nike-stock-prices-are-on-the-rise*)

우리에게 너무나 당연한 시간에 따른 변화도 역시 순서가 있는 데이터입니다. 여기에서 숨은 패턴을 찾아냄으로써 어떠한 상관관계나 인과관계를 찾아내기도 합니다. 이처럼 순환 신경망은 순서가 있는 데이터에서 의미를 찾아내기 위해 고안된 모델이고, 자연스러운 발상인 동시에 중요성을 가집니다.

6.2 순환 신경망의 작동 원리

처음 순환 신경망을 공부할 때 모델을 도식화한 그림을 찾아보면 주로 이런 그림들이 나옵니다.

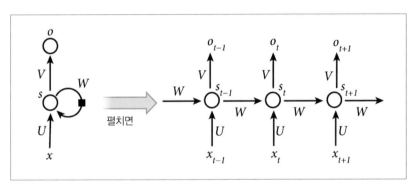

RNN을 설명하는 그림(http://www.wildml.com/2015/09/recurrent-neural-networks-tutorial-part-1-introduction-to-rnns)

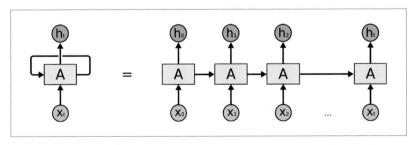

RNN을 설명하는 다른 그림(http://colah.github.io/posts/2015-08-Understanding-LSTMs)

하지만 이런 그림들은 앞에서 우리가 봐왔던 다음 그림과는 뭔가 다르기 때문에 잘 와 닿지 않습니다. 저 또한 처음에는 이런 그림만 보고는 이해하기 어려웠습니다.

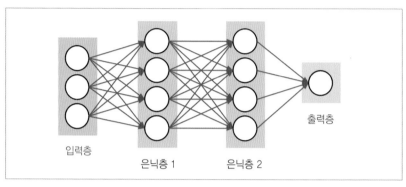

일반적인 인공 신경망

많은 사람과 마찬가지로 저 역시 더 많은 설명과 영상 등을 찾아보면서 왜 저런 그림이 나왔는지 이해할 수 있었습니다. 우리에게 익숙한 앞의 그림에 '순환성'을 추가하면 그림이 이렇게 변합니다.

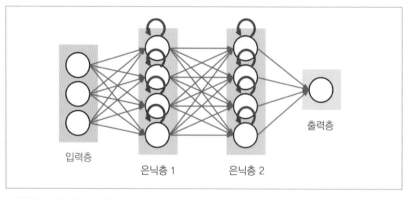

순환성을 추가한 인공 신경망

이 예제 그림에서는 3개의 입력이 들어와서 4개의 노드를 가진 은닉층 두 개를 거치는데, 여기서 노드 수를 다 1개로 바꾸면 다음 그림처럼 변합니다.

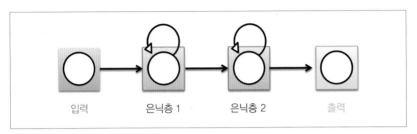

간소화한 순환 신경망

즉 첫 번째 은닉층의 값이 다음번에 다시 해당 은닉층의 입력으로 들어가는 것을 볼 수 있습니다. 매 시간마다 새로운 입력값이 들어오고 결괏값이 계산된다고 하면, 시간 t=0일 때 이미 한 번 값들이 계산될 테고 그러면 t=1일 때는 다음과 같이 계산될 겁니다.

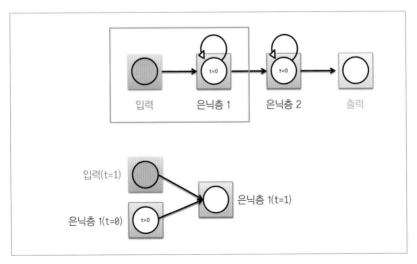

순환 신경망 연산이 실제로 이루어지는 방식

즉 t=1일 때 은닉층 각 노드의 값은 이전 시간(t=0)의 은닉층 값과 현재 시간 (t=1)의 입력값의 조합으로 값이 계산된다고 할 수 있습니다. pytorch라는 단 어를 예로 들면, 전에 p라는 단어가 들어왔었다는 것을 기억하고 있는 상태로 이번에 y가 들어왔을 때 다음에 나와야 할 알파벳이 무엇인지 예측하는 방식이 라고 표현할 수도 있습니다. 이러한 경우 앞에 들어왔던 입력값에 대한 정보가 없다면 어떠한 맥락도 모르기 때문에 제대로 예측할 수 없겠죠.

두 번째 은닉층에서 값들이 계산되는 방식도 마찬가지입니다.

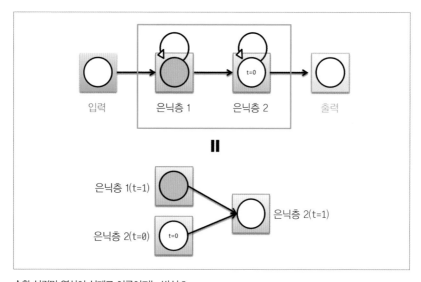

순환 신경망 연산이 실제로 이루어지는 방식 2

그다음도 마찬가지입니다.

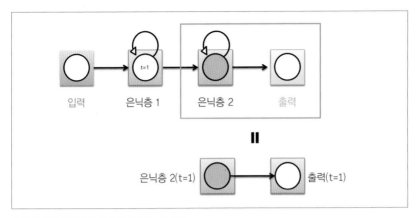

순환 신경망 연산이 실제로 이루어지는 방식 3

이렇게 순환하는 부분들을 시간 단위로 풀어서 보면 이제는 다른 글들에서 왜 그런 그림을 그렸는지 알 수 있습니다.

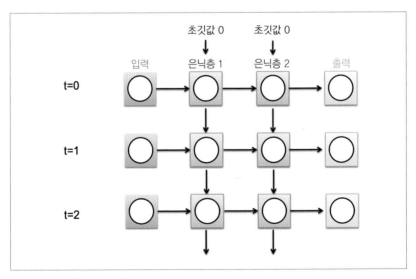

시간에 따라 풀어서 본 순환 신경망

이상을 정리하면 다음과 같습니다. 은닉층의 노드들은 어떠한 초깃값을 가지고 계산이 시작되고 첫 번째 입력값이 들어온 t=0 시점에서 입력값과 초깃값을 조합으로 은닉층의 값들이 계산되게 됩니다. 이 시점에서 결괏값이 도출되면, t=1 시점에서는 새로 들어온 입력값과 t=0 시점에서 계산된 은닉층의 값과의 조합으로 t=1일 때 은닉층의 값과 결괏값이 다시 계산되게 됩니다. 이러한 과정이 지정한 시간만큼 반복됩니다.

일정 시간 동안 모든 값이 계산되면, 모델을 학습하기 위해 결괏값과 목푯값의 차이를 손실 함수를 통해 계산하고 역전파해야 하는데 기존의 역전파와 다르게 순환 신경망은 계산에 사용된 시점의 수에 영향을 받습니다. 예를 들어 t=0에서 t=2까지 계산에 사용됐다면 그 시간 전체에 대해 역전파를 해야 하는 것입니다. 이를 **시간에 따른 역전파**backpropagation through time (BPTT)라고 부릅니다. 이것이 그냥 역전파와 어떻게 다른지 살펴보겠습니다.

다음 그림을 보면 t가 0, 1, 2인 시점에서 각각 결괏값이 나오고 목푯값과 비교되는 것을 볼 수 있습니다. 다시 단어 pytorch를 예로 들면 t=0에서 입력값으로 p가 들어올 것입니다. 우리는 t=0일 때 결괏값으로 y가 나오길 기대하기 때문에 target_0에는 y가 들어가고, 결과가 y가 같지 않다면 손실이 생길 것입니다. t=1에서 y가 들어가면 이번에는 target_1은 t이고, t=2에서는 입력값이 t, target_2는 o가 됩니다.

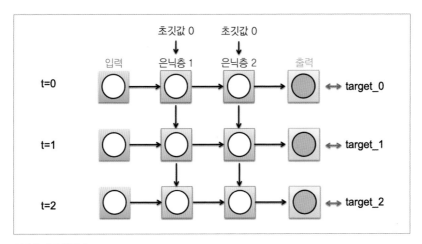

시간에 따른 역전파

이때 모델을 학습하려면 어떻게 해야 할까요? t=2의 시점에서 발생한 손실을 역전파하기 위해서는 손실을 입력과 은닉층들 사이의 가중치로 미분하여 손실에 대한 각각의 비중을 구해 업데이트하면 됩니다. 하지만 이 연산 과정에서 은닉층의 이전 시점의 값들이 연산에 포함되게 되는데 이전 시점의 값들은 내부적으로 다시 가중치, 입력값, 이전 시점의 값들의 조합으로 이루어져 있습니다. 순환 신경망은 각 위치별로 같은 가중치를 공유하므로 t=2 시점의 손실을 역전파하기 위해서는 결과적으로 t=0 시점의 노드 값들에도 다 영향을 줘야 합니다. 즉 시간을 역으로 거슬러 올라가는 방식으로 각 가중치들을 업데이트해야 하기 때문에 시간에 따른 역전파라는 이름이 붙었습니다.

앞의 그림에 가중치들을 표시하면 다음과 같습니다.

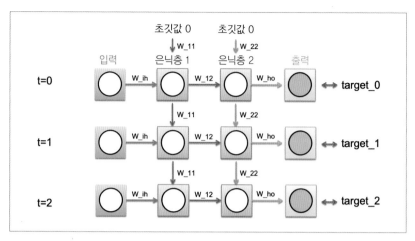

시간에 따른 역전파 2

이 그림에서 t=2인 시점만 떼어내 수식으로 써보면 다음과 같습니다. 기본적으로 순환 신경망에서는 하이퍼볼릭 탄젠트 활성화 함수를 사용하기 때문에 이 수식에서도 하이퍼볼릭 탄젠트를 사용했습니다.

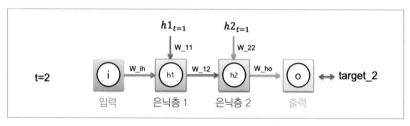

시간에 따른 역전파 3

수식 부분을 살펴보면 다음과 같습니다.

$$o = w_{ho} \times h2_{out} + bias$$

$$h2_{out} = \tanh\left(w_{12} \times h1 + w_{22} \times h2_{t=1} + bias\right)$$

$$h1_{out} = \tanh\left(w_{ih} \times i + w_{11} \times h1_{t=1} + bias\right)$$

$$h2_{in} = w_{12} \times h1 + w_{22} \times h2_{t=1} + bias$$

$$h1_{in} = w_{ih} \times i + w_{11} \times h1_{t=1} + bias$$

$$\frac{\partial o}{\partial w_{22}} = \frac{\partial o}{\partial h2_{out}} \times \frac{\partial h2_{out}}{\partial h2_{in}} \times \frac{\partial h2_{in}}{\partial w_{22}}$$

여기서 w_22에 대한 기울기를 보면 h2_in을 미분하는 부분이 있는데 이를 계산해보면 h2_t=1이 나옵니다. 그런데 사실 h2_t=1 값은 이전 시점의 값들의 조합으로 이루어져 있고 내부적으로도 w_22를 포함하고 있기 때문에 이 값을 제대로 미분하기 위해서는 t=0 시점까지 계속 미분을 해야 합니다. 시점별로 정리해보면 t=2 시점에서 발생한 손실은 t=2, 1, 0 시점에 전부 영향을 주고 t=1 시점의 손실은 t=1, 0에 영향을, t=0 시점의 손실은 t=0의 가중치에 영향을 줍니다. 실제로 업데이트할 때는 가중치에 대해 시점별 기울기를 다 더해서 한 번에 업데이트를 합니다.

6.3 모델 구현, 학습 및 결과 확인

먼저 가장 기본적인 모델을 한번 만들어보겠습니다. 우선 필요한 라이브러리들을 불러옵니다.

```python
import torch
import torch.nn as nn
import torch.optim as optim
import numpy as np
```

이번 예시에서 사용할 문장은 'hello pytorch. how long can a rnn cell remember?'라는 문장이고 사용할 문자들은 알파벳 소문자와 특수문자 몇 개로 한정하겠습니다. 순환 신경망의 노드 수는 **n_hidden**이라는 변수에 지정했습니다. 코드로 쓰면 다음과 같습니다.

```
n_hidden = 35
lr = 0.01
epochs = 1000

string = "hello pytorch. how long can a rnn cell remember?"# show us your limit!"
chars = "abcdefghijklmnopqrstuvwxyz ?!.,:;01"
char_list = [i for i in chars]
n_letters = len(char_list)
```

다음으로는 문장이 들어왔을 때 이것을 연산 가능한 원-핫 벡터(5.5절에서 배웠습니다)로 바꾸는 함수를 하나 만들어보겠습니다. 사실 매우 단순한 함수로서 어떤 문장이 들어왔을 때 맨 앞에 시작 토큰[start token]과 맨 뒤에 끝 토큰[end token]을 붙이고 원-핫 벡터로 변환하여 전달하는 함수입니다. abc라는 단어를 이 함수를 넣으면 다음과 같이 변환됩니다.

```
Start = [0 0 0 … 1 0]
a =     [1 0 0 … 0 0]
b =     [0 1 0 … 0 0]
c =     [0 0 1 … 0 0]
end =   [0 0 0 … 0 1]
```

즉 5개 벡터가 묶인 행렬 형태로 리턴됩니다. 함수의 코드는 다음과 같습니다.

```
def string_to_onehot(string):
    start = np.zeros(shape=len(char_list) ,dtype=int)
    end = np.zeros(shape=len(char_list) ,dtype=int)
    start[-2] = 1
    end[-1] = 1
    for i in string:
        idx = char_list.index(i)
        zero = np.zeros(shape= n_letters ,dtype=int)
```

```
    zero[idx]=1
    start = np.vstack([start,zero])
output = np.vstack([start,end])
return output
```

원-핫 벡터를 다시 문자로 바꾸는 부분도 함수로 만들어놓으면 편하기 때문에 하나 만들어두겠습니다. 토치 텐서를 입력으로 받아서 이를 넘파이 배열로 변환하고 거기서 1인 지점을 인덱스로 잡아 char_list에서 뽑아내는 함수입니다.

```
def onehot_to_word(onehot_1):
    onehot = torch.Tensor.numpy(onehot_1)
    return char_list[onehot.argmax()]
```

다음은 순환 신경망 클래스입니다. 해당 클래스는 원-핫 벡터로 변환한 단어 하나를 입력값으로 받고 은닉층 하나를 통과시켜 결괏값을 내는 구조를 가지고 있습니다. 앞서 배웠듯 입력값이 들어오면 이전 시간의 은닉층 값과의 조합으로 새로운 은닉층 값을 생성하고, 은닉층에서 결괏값을 내는 부분의 연산을 한 번 더 통과해 결괏값이 나오게 됩니다. 그리고 이전 시간의 은닉층 연산값이 없는 초기의 은닉층 값은 0으로 초기화해야 하기 때문에 init_hidden이라는 함수를 만들어놨습니다.

```
class RNN(nn.Module):
    def __init__(self, input_size, hidden_size, output_size):
        super(RNN, self).__init__()

        self.input_size = input_size
        self.hidden_size = hidden_size
        self.output_size = output_size

        self.i2h = nn.Linear(input_size, hidden_size)
        self.h2h = nn.Linear(hidden_size, hidden_size)
        self.i2o = nn.Linear(hidden_size, output_size)
        self.act_fn = nn.Tanh()
```

```
    def forward(self, input, hidden):
        hidden = self.act_fn(self.i2h(input)+self.h2h(hidden))
        output = self.i2o(hidden)
        return output, hidden

    def init_hidden(self):
        return torch.zeros(1, self.hidden_size)

rnn = RNN(n_letters, n_hidden, n_letters)
```

그다음에는 손실 함수와 최적화 함수를 정의하겠습니다. 3장과 4장 코드에서는 L1 손실 함수를 사용했지만, 이번에는 MSE를 이용한 L2 손실 함수를 사용하겠습니다. L2 손실 함수는 파이토치에 nn.MSELoss()로 구현되어 있습니다.

```
loss_func = nn.MSELoss()
optimizer = torch.optim.Adam(rnn.parameters(), lr=lr)
```

다음은 학습 부분입니다. 우선 우리가 학습하고자 했던 문장을 원-핫 벡터로 변환한 넘파이 배열을 다시 토치 텐서 형태로 바꿔줍니다. 이때 자료형은 연산에 기본적으로 사용되는 torch.FloatTensor로 지정합니다. 이렇게 하면 앞서 만든 함수대로 start_token + 문장 + end_token 이렇게 구성된 매트릭스가 생성되고, 학습할 때 시작 토큰이 들어오면 결괏값으로 p가 나오고, p가 들어오면 y, y가 들어오면 t가 나오면 됩니다. 현재 원-핫 벡터는 문장에 있는 단어 순서대로 배열되어 있기 때문에 j번째 인덱스에 해당하는 값이 입력으로 들어오면 j+1번째 인덱스에 해당하는 값이 target이 되면 됩니다.

문장 전체를 학습하는 과정은 epochs에 지정한 만큼 반복합니다. 이때 내부적으로 입력값과 목푯값의 차이를 계산하여 문장 전체에 대한 손실을 계산해야 합니다. 그런데 문장에 대해 학습할 때 매번 손실을 초기화해야 하기 때문에 total_loss 변수는 0으로 초기화했고, 또한 학습을 시작하려면 순환 신경망 은닉층의 초깃값을 지정해야 하기 때문에 `rnn.init_hidden()` 함수를 통해 0으로 초기화했습니다.

이상을 코드로 쓰면 다음과 같습니다. 몇 에폭마다 손실이 얼마나 발생했는지 출력하는 부분도 포함되어 있습니다.

```
one_hot = torch.from_numpy(string_to_onehot(string)).type_as(torch.FloatTensor())

for i in range(epochs):
    rnn.zero_grad()
    total_loss = 0
    hidden = rnn.init_hidden()

    for j in range(one_hot.size()[0]-1):
        input_ = one_hot[j:j+1,:]
        target = one_hot[j+1]

        output, hidden = rnn.forward(input_, hidden)
        loss = loss_func(output.view(-1),target.view(-1))
        total_loss += loss
        input_ = output

    total_loss.backward()
    optimizer.step()

    if i % 10 == 0:
        print(total_loss)
```

모델을 학습한 이후에는 제대로 학습이 되었는지 확인해봐야 합니다. 지금은 간단한 예제이기 때문에 학습에 사용한 문장을 그대로 테스트에도 사용하겠습니다. 학습할 때는 단어 하나하나를 다 입력으로 넣어주었지만 테스트할 때는 첫 글자만 입력으로 전달하고 그다음부터는 모델에서 나온 결괏값을 새로운 입력으로 전달하여, 첫 글자만으로 전체 문장을 생성해내는지를 확인해봅니다.

```
start = torch.zeros(1,len(char_list))
start[:,-2] = 1

with torch.no_grad():
    hidden = rnn.init_hidden()
    input_ = start
    output_string = ""
    for i in range(len(string)):
        output, hidden = rnn.forward(input_, hidden)
        output_string += onehot_to_word(output.data)
        input_ = output

print(output_string)
```

실행 결과는 다음과 같은 식으로 나올 겁니다. 단순한 버전인 만큼 썩 만족스러운 결과는 아니네요.

```
hello pytorch. h wlirimemyter ey nponllnnn nyopbnnbnn ywh.nhn l m oe
```

6.4 순환 신경망의 한계 및 개선 방안

앞의 예제에서는 짧은 문장만을 학습에 사용했으니 결과도 만족스럽지 않았다지만, 좀 더 긴 문장들로 모델을 돌려보아도 어느 정도 이상부터는 역시 결과가 한계에 부딪히게 됩니다. 이러한 현상이 발생하는 이유는 타임 시퀀스가 늘어나며 역전파 시 하이퍼볼릭 탄젠트 함수의 미분 값이 여러 번 곱해져서입니다. 하이퍼볼릭 탄젠트 함수를 미분하면 0에서 1 사이의 값이 나오고, 기울기 값이 역전파될 때 타임 시퀀스가 길어질수록 모델이 제대로 학습을 하지 못하는 이른바 **기울기 소실**vanishing gradient이라는 현상이 일어나게 됩니다. 합성곱 신경망처럼 활성화 함수 등을 바꾸는 것도 하나의 개선 방법일 수 있지만, 개선 모델인 LSTM

과 GRU에서는 좀 다른 방법을 사용했습니다.

LSTM

LSTM^{long short-term memory}부터 설명하겠습니다. 아주 단순하게 설명하면 기존의 순환 신경망 모델에 장기기억^{long-term memory}을 담당하는 부분을 추가한 것이라고 할 수 있습니다. 기존에는 은닉 상태^{hidden state}만 있었다면 셀 상태^{cell state}라는 이름을 가지는 전달 부분을 추가한 것입니다. 그림으로 보면 다음과 같습니다.

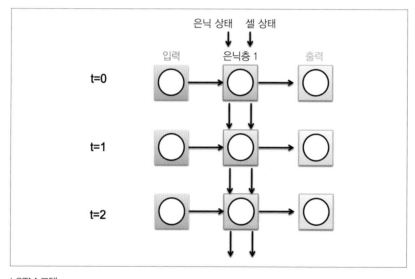

LSTM 모델

앞에서 봤던 기본적인 순환 신경망에 비해 하나의 상태가 더 생긴 것을 확인할 수 있습니다. 기본 순환 신경망은 현재의 입력값과 이전 시간의 은닉층 값의 조합으로 새로운 값을 생성했지만 LSTM은 더 복잡합니다. 가운데 있는 은닉층 하나를 떼어내서 내부를 살펴보겠습니다. 다음 그림에서 오른쪽은 Understanding LSTM Networks라는 유명한 블로그에서 설명한 그림입니다.

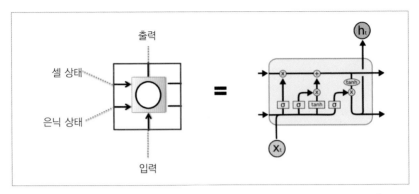

LSTM을 잘 설명해주는 그림(*http://colah.github.io/posts/2015-08-Understanding-LSTMs*)

보기에는 연결점도 많고 복잡해 보이지만 하나씩 살펴보면 그렇게 어렵지는 않습니다. 먼저 상단의 셀 상태 부분만 보겠습니다.

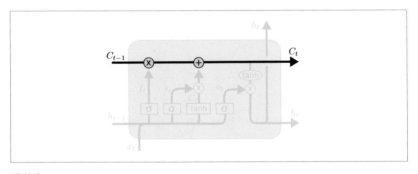

셀 상태

앞서 언급했듯이 셀 상태는 장기기억을 담당하는 부분으로, 곱하기($\times$) 부분은 기존의 정보를 얼마나 남길 것인지에 따라 비중을 곱하는 부분이고, 더하기($+$) 부분은 현재 들어온 데이터와 기존의 은닉 상태를 통해 정보를 추가하는 부분입니다. 어떤 값들이 곱해지고 더해지는지는 뒤에서 설명하겠습니다.

다음으로 하단의 맨 왼쪽에는 망각 게이트[forget gate]가 있습니다.

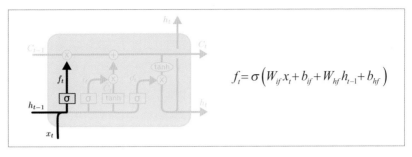

망각 게이트

이름 그대로 기존의 정보들로 구성되어 있는 셀 상태의 값을 얼마나 잊어버릴 것인지 정하는 부분입니다. 오른쪽에 있는 수식에서 σ는 시그모이드 함수를 의미합니다. 현재 시점의 입력값과 직전 시점의 은닉 상태 값을 입력으로 받는 한 층의 인공 신경망이라고 보면 간단히 이해할 수 있습니다. 가중치를 곱해주고 바이어스를 더한 값을 시그모이드 함수에 넣어주면 0에서 1 값이 나오는데 이 값으로 기존의 정보를 얼마나 전달할지 비중을 정하는 것이라고 할 수 있습니다.

그다음은 입력 게이트input gate입니다.

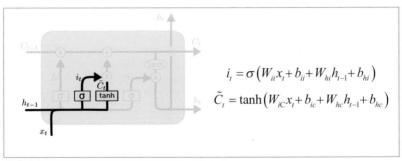

입력 게이트

이는 어떤 정보를 얼마큼 셀 상태에 새롭게 저장할 것인지 정하는 부분이라고 할 수 있습니다. 입력 게이트도 기존 방식과 비슷하게 새로운 입력값과 직전 시점의 은닉 상태 값을 받아서 한 번은 시그모이드 활성화 함수를 통과시키고 또한 번은 하이퍼볼릭 탄젠트 활성화 함수를 통과시킵니다. 하이퍼볼릭 탄젠트를 통해 나온 값은 −1에서 1 사이의 값을 가지고 새롭게 셀 상태에 추가할 정보가됩니다. 시그모이드 함수를 통해 나온 값은 0에서 1 사이의 비중으로 새롭게 추가할 정보를 얼마큼의 비중으로 셀 상태에 더해줄지 정하게 됩니다.

지금까지의 내용을 한번 정리하면 다음 그림과 같습니다. 현재 시점의 새로운 입력값과 직전 시점의 은닉 상태 값의 조합으로 기존의 셀 상태의 정보를 얼마큼 전달할지도 정하고 어떤 정보를 얼마큼의 비중으로 더할지도 정하는 것이라고 할 수 있습니다.

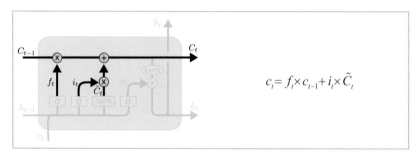

$$c_t = f_t \times c_{t-1} + i_t \times \tilde{C}_t$$

셀 상태의 업데이트

마지막으로 은닉 상태의 업데이트 부분입니다.

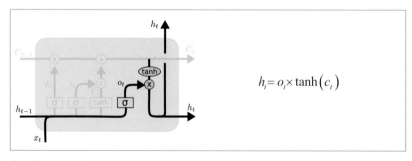

$$h_t = o_t \times \tanh(c_t)$$

은닉 상태의 업데이트

시그모이드로 비중을 정하는 부분은 앞단과 동일합니다. 새로운 은닉 상태는 업데이트된 셀 상태 값을 하이퍼볼릭 탄젠트 함수를 통과시킨 −1에서 1 사이의 비중을 곱한 값으로 생성됩니다.

LSTM 모델은 위와 같은 다양한 게이트들을 통해 기본 RNN보다 더 나은 성능을 보여주었고 오늘날에도 기본적인 모델로 사용되고 있습니다.

GRU

다음으로 **GRU**^{gated recurrent unit}에 대해서 배워보겠습니다. GRU는 LSTM보다 간단한 구조를 가지고 있음에도 성능 면에서는 밀리지 않는 RNN의 변형 형태입니다. GRU는 2014년에 조경현 교수 등의 논문(*https://arxiv.org/pdf/1406.1078*)에서 발표되었으며 형태는 다음 그림과 같습니다.

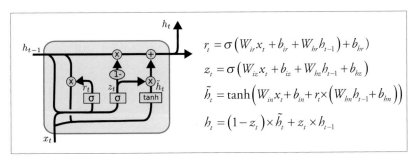

$$r_t = \sigma\left(W_{ir}x_t + b_{ir} + W_{hr}h_{t-1}\right) + b_{hr})$$
$$z_t = \sigma\left(W_{iz}x_t + b_{iz} + W_{hz}h_{t-1} + b_{hz}\right)$$
$$\tilde{h}_t = \tanh\left(W_{in}x_t + b_{in} + r_t \times \left(W_{hn}h_{t-1} + b_{hn}\right)\right)$$
$$h_t = \left(1 - z_t\right) \times \tilde{h}_t + z_t \times h_{t-1}$$

GRU의 전체적 구조

GRU는 LSTM과는 달리 셀 상태와 은닉 상태를 분리하지 않고 은닉 상태 하나로 합쳤습니다. 앞의 그림에서 첫 번째 수식은 업데이트 게이트^{update gate}로 현재 시점의 새로운 입력값과 직전 시점의 은닉 상태 값에 가중치를 곱하고 시그모이드 함수를 통과시켜 업데이트할 비중을 정하는 부분입니다. 두 번째 수식은 리셋 게이트^{reset gate}로 업데이트 게이트와 같은 입력을 받아서 동일하게 시그모이드 함수를 통해 비중을 정하며, 이 비중은 그다음 줄 수식에서 $\tilde{h}_t$ 를 구할 때 기존 은닉 상태 값을 얼마큼 반영할지 정하는 데 사용됩니다. $\tilde{h}_t$ 는 기존의 은닉 상태에 가중치가 곱해진 값과 새로운 입력값을 입력으로 받아 가중치를 곱한 후 하이퍼볼릭 탄젠트 함수를 통과해 새로운 정보의 값을 리턴합니다. 마지막 수식은 새로운 은닉 상태를 구하는 부분입니다. 수식에서도 알 수 있듯이 첫 번째 수식에서 구한 가중치로 기존 은닉 상태와 $\tilde{h}_t$ 의 가중 합을 곱해서 새로운 은닉 상태 값을 구합니다.

임베딩 개념 설명

설명만으로는 어려울 수 있으니 파이토치 코드로 구현해보며 살펴볼 텐데, 이를 위해 먼저 알아야 하는 것이 임베딩입니다.

이전까지는 알파벳이나 문자 하나하나를 원-핫 벡터로 바꿔서 연산을 했지만 이 방법은 의미적 연산과 확장성이라는 측면에서 한계점을 가지고 있습니다. 원-핫 벡터 간의 내적은 항상 0이 나오기 때문에 두 알파벳 또는 단어, 더 나아가서는 문장 간의 의미적 차이나 유사도를 구하는 것이 불가능합니다. 거기다 하나의 요소가 추가되면 벡터의 길이가 늘어나기 때문에 기존의 모델이 무의미해집니다. 예를 들면 다음과 같은 원-핫 벡터가 있다고 합시다.

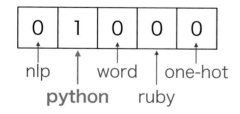

원-핫 벡터 예시(*https://medium.com/@Hironsan/why-is-word-embeddings-important-for-natural-language-processing-6b69dd384a77*)

의미적 연산의 대표적인 지표로 코사인 유사도^{cosine similarity}가 있습니다. 코사인 유사도는 분자가 두 벡터의 내적으로 계산이 되는데, 앞의 그림처럼 python이라는 단어가 [0 1 0 0 0], ruby가 [0 0 0 1 0], one-hot은 [0 0 0 0 1]이라는 원-핫 벡터로 정의되었다면 이 두 프로그래밍 언어의 내적은 0이 됩니다. 즉 두 언어는 실제로는 프로그래밍 언어라는 공통적인 의미를 가지고 있지만 수치적으로는 0이 됩니다. 원-핫 벡터끼리의 내적은 두 벡터가 일치하지 않는 이상 수치가 0이 되기 때문에 연산을 통해 의미를 찾아낼 수 없습니다. 또한 원-핫 벡터는 하나의 개념이 추가될 때마다 원-핫 벡터의 길이가 늘어나야 하기 때문에 확장성 면에서 한계를 지니고 있습니다.

이를 극복하기 위해 사용하는 방법 중 **임베딩**^{embedding}이라는 방법이 있습니다. 간단하게 말하면 알파벳이나 단어 같은 기본 단위 요소들을 일정한 길이를 가지는 벡터 공간에 투영하는 것입니다.

워드 임베딩은 일정한 크기의 벡터에 단어들을 투영하는 방법이라고 이해하면 쉽습니다. 다음 그림처럼 python과 ruby 두 단어는 프로그래밍 언어라는 의미적인 공통점을 가지고 있기 때문에 값이 유사하고 ruby와 word는 값에 차이가 있는 것을 확인할 수 있습니다.

	50~300 차원			
python	0.52	0.21	0.37	…
ruby	0.48	0.21	0.33	…
word	0.05	0.23	0.06	…

임베딩 예시

그렇다면 이러한 임베딩을 어떻게 만들 수 있을까요? 앞의 예시처럼 단어들을 벡터화하는 것을 **word2vec**이라고 합니다. 임베딩의 대표적인 기법으로는 CBOW와 skip-gram 두 가지가 있는데 먼저 간단한 CBOW 모델을 도식화하면 다음 그림과 같습니다.

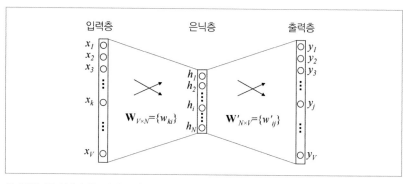

원-핫 벡터를 임베딩하는 방법 예시(*https://arxiv.org/pdf/1411.2738*)

CBOWcontinuous bag-of-words 방식은 주변 단어들로부터 가운데 들어갈 단어가 나오도록 임베딩하는 방식입니다. 예를 들면 그림의 예시 문장에서 quick, brown, jumps, over라는 단어가 들어왔을 때 은닉층을 하나 통과하면 fox가 나오도록 모델을 학습하고 그 은닉층의 벡터를 임베딩으로 사용하는 것입니다. 그러면 주위 단어들과 fox와의 관계가 학습이 되고, 문장 또는 문서의 모든 문장을 위와 같은 방식으로 학습하면 그 문서에서 사용한 단어들이 의미적semantically으로 임베딩됩니다. 예시로 든 문서에 'The quick brown dog jumps over the lazy fox'라는 문장이 있다면 dog와 fox는 유사한 개체로 인식되고 벡터 공간상으로도 가까운 위치에 임베딩될 것입니다.

skip-gram 모델은 CBOW와는 반대로 중심 단어로부터 주변 단어들이 나오도록 모델을 학습하여 임베딩 벡터를 얻는 방식입니다. 즉 fox가 들어왔을 때 quick, brown, jumps, over라는 단어들이 나오도록 학습하는 것이죠. 이상

두 방식을 도식화해보면 다음과 같습니다.

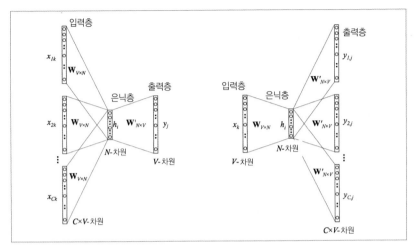

벡터를 임베딩하는 대표적인 두 방법

특정 도메인(예를 들어 특정 작가의 글, 가전제품 후기 글 등)에서 임베딩을 만들어놓으면 비슷한 의미를 가지는 단어들끼리 가까운 곳에 위치하게 되므로 유사한 단어를 찾기에 편리합니다. 또한 벡터 연산으로 예를 들어 '왕 – 남자 + 여자 = 여왕' 같은 연산도 가능합니다.

임베딩 함수를 이용한 LSTM, GRU 모델 구현

실무에서는 word2vec을 미리 만들어두고 사용하기도 하지만, 여기에서는 임베딩 역시 학습이 되는 방식으로 구현하겠습니다. Torch.nn에는 torch.nn.Embedding이라는 클래스가 있는데 이 클래스를 사용하면 임베딩을 쉽게 생성하고 학습시킬 수 있습니다. 함수의 인수 중 num_embeddings과 embedding_dim은 각각 사용할 문자나 단어의 가지 수 및 임베딩할 벡터 공간의 크기를 의미합니다. 예를 들어 4가지 문자 a, b, c, d만 사용한다면 num_embeddings는 4

가 됩니다. embedding_dim은 임의로 정하는데 예를 들어 10으로 지정한다면 길이 10짜리 벡터공간으로 임베딩합니다. 이 경우 torch.nn.Embedding 인스턴스에 a, b, c, d에 해당하는 인덱스 [0,1,2,3]을 전달하면 4×10 벡터가 생성되고 하나의 행이 각각 a, b, c, d를 뜻하게 됩니다.

입력 데이터로 문자가 들어오면 이는 먼저 문자 사전에 의해 인덱스로 변환되고 이 인덱스를 embedding 인스턴스에 전달하면 벡터가 결과로 나오게 됩니다. 이걸 가지고 앞서 설명한 RNN이나 LSTM, GRU를 통해 모델을 학습할 수 있게 됩니다.

먼저 RNN, LSTM, GRU 세 가지 모델에서 공통적으로 사용하는 부분부터 코드를 보겠습니다. 라이브러리 임포트나 하이퍼파라미터 설정은 생략하겠습니다. 코랩 파일을 참고하세요. 현재 예시는 문자에 대한 순환 신경망이므로 사용 가능한 모든 문자를 저장해놓고 전체 가지 수도 지정해둡니다.

```
all_characters = string.printable
n_characters = len(all_characters)
print(all_characters)
print('num_chars = ', n_characters)
```

그리고 학습에 사용할 텍스트 파일을 읽어옵니다. 예제에서는 셰익스피어의 작품이 담긴 데이터셋(tinyshakespeare)을 사용했습니다. 안드레이 카파시 등의 깃허브 저장소에서 쉽게 찾을 수 있으며, RNN 예제에 많이 사용됩니다(파일을 다운로드하는 등의 코드 역시 코랩 파일에 들어 있고 여기서는 생략했습니다).

```
file = unidecode.unidecode(open('./data/input.txt').read())
file_len = len(file)
print('file_len =', file_len)
```

모든 파일을 한 번에 학습할 수 없기 때문에 일정한 크기로 잘라야 합니다. 랜덤한 위치에서 시작해 일정 크기만큼의 문자열을 읽어오는 random_chunk라는 함수를 만들어둡니다.

```
def random_chunk():
    start_index = random.randint(0, file_len - chunk_len)
    end_index = start_index + chunk_len + 1
    return file[start_index:end_index]
```

이렇게 일정 크기로 문자열을 읽어온 다음 이를 앞에서 저장해둔 출력 가능한 문자열 리스트를 통해 인덱스로 바꿔줍니다. 이 함수를 char_tensor라는 이름으로 만들었습니다.

```
def char_tensor(string):
    tensor = torch.zeros(len(string)).long()
    for c in range(len(string)):
        tensor[c] = all_characters.index(string[c])
    return tensor

print(char_tensor('ABCdef'))
```

코드에 예시로 든 것처럼 문자열 ABCdef를 인덱스화하면 결과는 다음과 같습니다.

```
tensor([36, 37, 38, 13, 14, 15])
```

이렇게 인덱스화된 문자열을 입력값과 목푯값으로 나눠주는 건 random_training_set이란 함수가 담당합니다.

```
def random_training_set():
    chunk = random_chunk()
```

```
inp = char_tensor(chunk[:-1])
target = char_tensor(chunk[1:])
return inp, target
```

위 함수를 호출하면 랜덤한 문자열을 불러와 입력값과 목표값으로 나눠 리턴합니다. 그다음부터는 임베딩과 RNN을 통해 학습하면 됩니다. 이 과정을 그림으로 그려보면 다음과 같습니다(각 수치는 편의를 위해 임의로 지정한 것입니다). 다음 그림에는 디코딩^{decoding} 부분이 들어 있는데, 이는 임베딩과 순환 신경망을 통과해 나온 결과를 임베딩하기 전 데이터 형태로 돌려놓는 역할을 합니다. 만약 알파벳 26개를 길이 50짜리 벡터에 임베딩했다면 다시 알파벳을 나타내는 길이 26짜리 벡터로 돌려놔야 해당 출력을 보고 해석할 수 있기 때문입니다. 이 예시에서는 이를 단순하게 한 층의 신경망으로 구현했습니다.

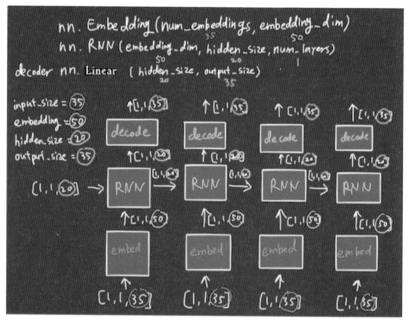

임베딩, 디코딩을 포함한 RNN 모델

이 그림을 클래스로 만들면 다음과 같습니다.

```python
class RNN(nn.Module):
    def __init__(self, input_size, embedding_size, hidden_size, output_size,
num_layers=1):
        super(RNN, self).__init__()
        self.input_size = input_size
        self.hidden_size = hidden_size
        self.output_size = output_size
        self.num_layers = num_layers
        self.embedding_size = embedding_size

        self.encoder = nn.Embedding(input_size, embedding_size)
        self.rnn = nn.RNN(embedding_size,hidden_size,num_layers)
        self.decoder = nn.Linear(hidden_size, output_size)


    def forward(self, input, hidden):
        out = self.encoder(input.view(1,-1))
        out,hidden = self.rnn(out,hidden)
        out = self.decoder(out.view(batch_size,-1))
        return out, hidden

    def init_hidden(self):
        hidden = torch.zeros(self.num_layers, batch_size, hidden_size)
        return hidden
```

위의 클래스를 인스턴스화하는 코드는 다음과 같습니다.

```python
model = RNN(input_size=n_characters,
    embedding_size=embedding_size,
    hidden_size=hidden_size,
    output_size=n_characters,
    num_layers=2)
```

해당 인스턴스를 테스트해보는 코드를 작성해보겠습니다. A라는 문자열을 입력으로 주고 char_tensor 함수를 사용해 이를 텐서로 바꿔줍니다. 그다음 은닉 상태도 초기화해줍니다. 이렇게 만든 입력과 은닉 상태를 RNN 인스턴스에 인수로 전달하면 forward 함수에 정의된 대로 연산이 진행되게 됩니다.

```
inp = char_tensor("A")
hidden = model.init_hidden()
out,hidden = model(inp,hidden)
```

모델 부분만 보면 입력값이 들어왔을 때 먼저 이를 임베딩해주고 RNN 노드(셀 cell이라고도 합니다)에 임베딩 값과 은닉 상태 값을 전달해줍니다. 이때 임베딩 차원이 문자열 크기와 다르기 때문에 RNN 노드의 결괏값을 디코더를 통해 맞춰줘야 다시 문자로 바꿀 수 있습니다.

학습은 이전의 코드들과 유사합니다.

```
for i in range(num_epochs):
    total = char_tensor(random_chunk())
    inp = total[:-1]
    label = total[1:]
    hidden = model.init_hidden()

    loss = torch.tensor([0]).type(torch.FloatTensor)
    optimizer.zero_grad()
    for j in range(chunk_len-1):
        x  = inp[j]
        y_ = label[j].unsqueeze(0).type(torch.LongTensor)
        y,hidden = model(x,hidden)
        loss += loss_func(y,y_)

    loss.backward()
    optimizer.step()
```

지면상 테스트 코드는 생략했으니 코랩 파일을 참고하세요. 결과만 말하자면 초기에는 대략 다음과 같은 수준으로 나옵니다.

```
b>y9~m
4dkthOF/IzHkD6e$2r'Agr\<kU"@gT$LA5e
onrc(ykU~YN_ZP<u+;B}:yL4}P#[+g1$=if<(=oU(8&\#_w\8R#i"z3j<u=7*hN}/:R11J/[_^`TQ'V}
```

한참 학습을 진행하고 나면 다음과 같은 수준까지 결과가 나오게 됩니다.

```
bluge of my king breaty my looks were take the promisgen to his part,
Swear as the carror, I'll been the confession comman,
And have becompearn.

YOMSOSTIO:
So means, what thou be my lay time to my lor
```

이 기본 RNN 모델을 GRU 방식으로 바꾸려면 클래스 정의 내부에서 다음 라인을 고치면 됩니다.

```
self.rnn = nn.RNN(embedding_size,hidden_size,num_layers)
```

이 부분을 다음과 같이 바꾸면 끝입니다.

```
self.rnn = nn.GRU(embedding_size,hidden_size,num_layers)
```

이것이 가능한 이유는 GRU가 RNN과 같이 은닉 상태만 가지고 있기 때문입니다.

한편 LSTM은 이와 다르게 셀 상태, 은닉 상태 두 가지를 가지고 있기 때문에 클래스를 다음과 같이 바꿔야 합니다.

```
class RNN(nn.Module):
    def __init__(self, input_size, embedding_size, hidden_size, output_size,
num_layers=1):
        super(RNN, self).__init__()
```

```
        self.input_size = input_size
        self.hidden_size = hidden_size
        self.output_size = output_size
        self.num_layers = num_layers
        self.embedding_size = embedding_size

        self.encoder = nn.Embedding(input_size, embedding_size)
        self.rnn = nn.LSTM(embedding_size,hidden_size,num_layers)
        self.decoder = nn.Linear(hidden_size, output_size)


    def forward(self, input, hidden, cell):
        out = self.encoder(input.view(batch_size,-1))
        out,(hidden,cell) = self.rnn(out,(hidden,cell))
        out = self.decoder(out.view(batch_size,-1))

        return out,hidden,cell

    def init_hidden(self):
        hidden = torch.zeros(num_layers,batch_size,hidden_size)
        cell = torch.zeros(num_layers,batch_size,hidden_size)
        return hidden,cell

model = RNN(n_characters, embedding_size, hidden_size, n_characters, num_layers)
```

구현적 차이는 셀 상태의 유무 정도라고 볼 수 있습니다. LSTM 모델 학습 결과
는 다음과 같은 수준입니다.

```
be fair hast,
My good father; or fearing earth and faint,
When where have bury and entranisless of you shall bleeding
In kneel it shall good forntage thee the duke.

KING RICHARD II:
Where all my depos
```

예시 데이터로 사용한 셰익스피어 데이터셋 말고도 다양한 데이터로 실험해보는 것이 가능합니다. 여기까지 RNN과 변형 모델을 사용하여 패턴을 학습하는 것을 배워봤습니다. 최근에는 시계열 데이터를 분석하는 것에 RNN 방식 말고 합성곱 연산을 사용하는 모델도 나오고 있으니, 관심 있는 분들은 더 찾아보길 권합니다.

CHAPTER 7

학습 시 생길 수 있는 문제점과 해결 방안

7.1 오버피팅과 언더피팅

모델을 학습시키다 보면 학습할 때 사용했던 데이터에 대해서는 성능이 잘 나오는데 한 번도 보지 못한 데이터에 적용하면 성능이 엉망으로 나오는 경우가 많습니다. 물론 처음부터 학습 데이터와 테스트 데이터 둘 다에 대해서 못하는 경우도 있습니다. 이러한 문제는 지속적으로 겪게 되는 문제인데 여기에는 다양한 원인과 개선 방안이 있습니다. 이번 장에서는 무엇이 문제이고 이들을 어떻게 확인할 수 있을지 알아보겠습니다.

먼저 방금 언급한 문제를 그림 하나로 요약하면 다음 그림과 같습니다.

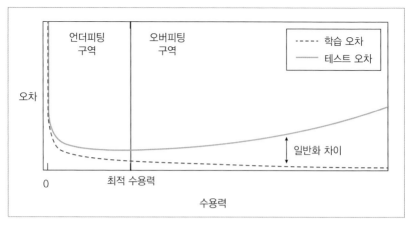

언더피팅과 오버피팅

우선 학습 오차는 학습 데이터에 대한 오차이고 테스트 오차는 테스트 데이터에 대한 오차입니다. 두 오차의 차이를 일반화 차이^{generalization gap}라고 하고, 모델을 학습하는 최종적인 목적은 학습 때 보지 못한 테스트 데이터에 대한 오차를 줄이는 것이기 때문에 결국 학습 오차와 테스트 오차의 차이인 일반화 차이를 줄이는 것과 같아집니다. 이를 식으로 표현하면 다음과 같습니다.

테스트 오차 − 학습 오차 = 일반화 차이

테스트 오차 = 학습 오차 + 일반화 차이

테스트 오차가 클 경우는 학습 오차와 일반화 차이 둘 다 작은 경우를 제외하면 다음과 같이 3가지 경우가 있을 것입니다.

학습 오차와 일반화 차이의 관계

	학습 오차 큼	학습 오차 작음
일반화 차이 큼	언더피팅	오버피팅
일반화 차이 작음	언더피팅	이상적인 상태

즉 학습 오차가 크면 **언더피팅**underfitting, 학습 오차는 작은데 테스트 오차가 크면 **오버피팅**overfitting이라는 상황이라고 부릅니다. 그렇다면 이런 상황을 어떻게 파악할 수 있을까요?

학습 오차나 테스트 오차를 알기 위해서는 먼저 데이터를 분리할 필요가 있습니다. 보통 머신러닝 작업task에서는 전체 데이터를 학습, 밸리데이션, 테스트 용도로 분리합니다. 학습 데이터나 테스트 데이터는 이미 앞에서도 살펴봤지만, 한번 더 살펴보겠습니다.

학습 데이터는 말 그대로 학습에 사용하는 데이터로서, 모델을 학습하는 데 사용됩니다. 그런데 학습을 하다 보면 배치 사이즈나 학습률, 모델의 크기 같은 하이퍼파라미터를 바꿔가면서 실험을 해보고 그로 인해 결과가 어떻게 변했는지 독립된 데이터로 측정할 필요가 있습니다. 이러한 용도로 사용되는 것이 바로 **밸리데이션 데이터**입니다. 밸리데이션 데이터를 이용하여 적당한 하이퍼파라미터를 찾아 모델을 학습시켰다면 최종적으로 성능을 측정해야 하는데 이때 사용하는 것이 **테스트 데이터**입니다. 보통 '모델의 성능이 어느 정도다'라고 말할 때는 테스트 데이터에 대한 성능을 의미합니다. 이렇게 나눈 데이터로 학습 오차와 밸리데이션(또는 테스트) 오차를 측정할 수 있고, 언더피팅되었는지 아니면 오버피팅되었는지도 파악할 수 있습니다.

앞의 그림에서 x축의 수용력capacity도 알아둘 필요가 있습니다. 모델 수용력이 커질수록 학습 오차는 줄어들지만 테스트 오차는 줄어들다가 다시 증가하여 일반화 차이가 커지게 됩니다. 앞의 그림이 뜻하는 것은 수용력을 바꿔줌으로써 언더피팅 구간과 오버피팅 구간을 왔다 갔다 할 수 있다는 의미입니다. 그렇다면 수용력에 변화를 준다는 것은 어떤 의미일까요? 인공 신경망으로 예를 들면 은닉층의 개수 또는 은닉층 노드의 개수 등을 뜻한다고 할 수 있습니다. 인공 신경망은 은닉층의 개수를 늘릴수록 더 복잡한 형태가 표현 가능해지는데 이처럼 표현 가능한 형태가 많아진다는 것은 모델의 수용력이 커짐을 의미합니다. 다항

식으로 예를 들면 몇 차까지 사용할 것인지 정하는 것이 수용력을 정하는 것에 해당합니다. 분류 작업에서 언더피팅과 오버피팅 상황을 그림으로 표현하면 다음 그림과 같습니다. 두 그림 모두 앤드루 응^{Andrew Ng}의 머신러닝 강의에서 가져온 그림입니다.

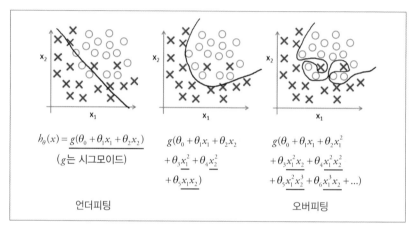

모델 수용력에 따른 차이

맨 왼쪽처럼 실제로는 2차식으로 분류할 수 있는 데이터를 1차식으로 구분하려고 하려면 모델 수용력이 낮기 때문에 제대로 분류하지 못해 언더피팅이 발생합니다. 이에 비해 맨 오른쪽처럼 너무 높은 차수의 식으로 표현하면 주어진 데이터에 대해서는 완벽히 분류를 할 수 있지만 데이터의 전체 흐름보다 과도하게 주어진 데이터에 맞춘 함수 형태가 나왔기 때문에 테스트 데이터에 대해서는 안 좋은 성능을 내게 됩니다.

다항 회귀의 경우도 유사한데 실제 데이터가 2차 다항식 형태로 분포되어 있을 때 1차식으로 근사하면 표현 범위가 작아서 제대로 근사를 못 할 것이고 또 너무 고차 다항식으로 근사하면 주어진 데이터에만 잘 맞춰진 함수가 나오고 말 것입니다.

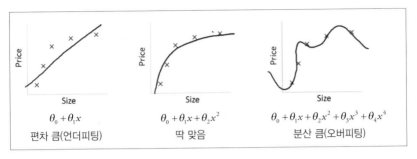

$\theta_0 + \theta_1 x$

편차 큼(언더피팅)

$\theta_0 + \theta_1 x + \theta_2 x^2$

딱 맞음

$\theta_0 + \theta_1 x + \theta_2 x^2 + \theta_3 x^3 + \theta_4 x^4$

분산 큼(오버피팅)

2차식 형태 데이터의 근사

이 그림처럼 언더피팅을 편차가 크다고 표현하거나, 오버피팅을 분산이 크다고 표현하기도 합니다. 이 부분을 이해하기 위해 수식을 보겠습니다. 먼저 편차와 분산은 다음과 같습니다. x는 데이터 y는 정답 값, $\hat{f}(x)$는 예측값입니다.

$$Bias\left[\hat{f}(x)\right] = E\left[\hat{f}(x) - f(x)\right]$$

$$Var\left[\hat{f}(x)\right] = E\left[\hat{f}(x)^2\right] - E\left[\hat{f}(x)\right]^2$$

그러면 오차 E는 다음과 같이 쓸 수 있습니다.

$$E\left[\left(y - \hat{f}(x)\right)^2\right] = Bias\left[\hat{f}(x)\right]^2 + Var\left[\hat{f}(x)\right] + \sigma^2$$

즉 오차를 계산하는 식으로 평균제곱오차를 사용하고, 주어진 데이터에 대해 여러 번 모델을 만들고 예측할 수 있다고 하면 예측값의 기댓값, 즉 평균을 구할 수 있습니다. 이 수식에서 편차는 예측값과 실제 값의 차이의 기댓값이고, 분산은 말 그대로 여러 번 예측했을 때 예측값의 분산입니다. 평균제곱오차로 측정한 오차는 수식적으로 편차의 제곱과 분산, 그리고 줄일 수 없는 오차로 분리될 수 있고 전체 오차가 고정이라고 했을 때 하나가 증가하면 하나는 감소하게 되어 있습니다.

앞에서 언더피팅 그림을 보면 모델의 표현 범위 자체가 작기 때문에 전체적으로 정답과 떨어져 편차가 존재한다는 것을 알 수 있습니다. 대신 주어진 데이터에 대해서는 거의 비슷하게 예측하므로 분산은 낮습니다. 반대로 오버피팅 그림을 보면 주어진 데이터를 다 지나가기는 합니다. 하지만 모델을 여러 번 학습시키면 주어진 데이터를 다 지나가고 수용력이 커지므로 다양한 형태의 곡선이 나오게 되고 이로 인해 각 입력값에 대해 다양한 값이 나오게 됩니다. 그렇게 되면 결과적으로 분산은 커질 수밖에 없게 됩니다.

다음 그림은 편차와 분산이 크거나 작을 때 예측값의 분포가 어떻게 되는지 설명할 때 흔히 예로 드는 그림입니다.

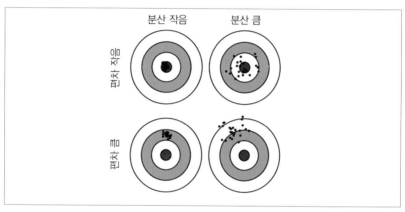

편차와 분산의 관계를 설명하는 그림

과녁의 중간을 정답 값이라고 했을 때 편차는 예측값이 평균적으로 정답 값과 얼마나 거리가 있는지를 나타냅니다. 따라서 오른쪽 위 그림처럼 예측값의 분산이 크더라도 편차는 낮은 경우가 가능합니다. 다른 경우도 그림을 보면 쉽게 의미를 알 수 있을 것입니다.

모델 학습의 최종 목표는 한 번도 보지 못한 데이터에 대해서도 좋은 성능을 내는 것입니다. 그리고 좋은 성능을 낸다는 것은 측정한 오차가 작은 것으로 표현할 수 있고, 그 오차는 편차와 분산으로 분리할 수 있습니다. 앞서 모델 수용력과 언더피팅, 오버피팅의 관계를 살펴보았을 때 언더피팅으로 판명이 되면 모델 수용력을 늘려야 할 필요가 있고, 오버피팅이라면 수용력을 줄임으로써 최적 수용력에 가까워지게 해야 합니다. 또한 모델 자체를 변형하는 것 말고도, 넉넉한 수용력의 모델에 정형화나 드롭아웃 등 제약을 주는 기법을 사용함으로써 문제를 해결하기도 합니다. 이어서 정형화와 드롭아웃을 살펴보겠습니다.

7.2 정형화

정형화regularization는 단어 그대로 어떤 제약 조건을 추가로 걸어줌으로써 오버피팅을 해결하려는 기법입니다. 이 제약 조건은 주로 손실 함수에 추가되는데 대표적으로 **L1 정형화**와 **L2 정형화**가 있습니다. 즉 우리가 이미 살펴본 L1 손실과 L2 손실에 조건을 추가하는 것입니다.

각각을 설명하기 전에 우선 오버피팅됐을 때 회귀 모델 변수가 어떤 식으로 변화하는지부터 살펴보겠습니다. 다음은 『Pattern Recognition and Machine Learnin』(Springer, 2006)에서 가져온 표로, 여기서 람다(λ)는 정형화의 정도를 의미합니다. 이 수치가 클수록 정형화를 강하게 적용한다고 볼 수 있습니다. 표에서 $\ln \lambda$가 마이너스 무한대일 때는 정형화가 없는 것이고 나머지는 정형화를 적용했을 때입니다.

정형화 정도에 따른 계수의 변화

	$\ln \lambda = -\infty$	$\ln \lambda = -18$	$\ln \lambda = 0$
w_0^*	0.35	0.35	0.13
w_1^*	232.37	4.74	-0.05
w_2^*	-5321.83	-0.77	-0.06
w_3^*	48568.31	-31.97	-0.05
w_4^*	-231639.30	-3.89	-0.03
w_5^*	640042.26	55.28	-0.02
w_6^*	-1061800.52	41.32	-0.01
w_7^*	1042400.18	-45.95	-0.00
w_8^*	-557682.99	-91.53	0.00
w_9^*	125201.43	72.68	0.01

앞의 표를 보면 $\ln \lambda$ 가 작을수록 변수 값들이 들쭉날쭉한 것을 볼 수 있습니다. 주어진 데이터를 정확히 맞추기 위해 파라미터 값들을 조정하다 보니 이렇게 된 것입니다. 오버피팅됐을 때 변수들을 뽑아보면 이렇게 값들이 비정상적으로 지정되어 있을 때가 많습니다. 이에 비해 $\ln \lambda$ 가 커질수록 변수 값들이 작아지는 것을 확인할 수 있습니다. 즉 모델이 오버피팅될 때 λ 를 키울수록 오버피팅 구간을 벗어날 수 있다는 것을 알 수 있습니다. 이 원리는 무엇일까요? 대표적으로 사용되는 L1, L2 정형화 식을 적어보면 다음과 같습니다.

- L1 정형화: $w^* = \arg\min_w \sum_j \left(t\left(x_j\right) - \sum_i w_i h_i \left(x_j\right) \right)^2 + \lambda \sum_{i=1}^{k} |w_i|$

- L2 정형화: $w^* = \arg\min_w \sum_j \left(t\left(x_j\right) - \sum_i w_i h_i \left(x_j\right) \right)^2 + \lambda \sum_{i=1}^{k} w_i^2$

수식을 보면 각각의 식을 최소화하는 w를 찾는 데 앞에서 살펴봤던 평균제곱오차 말고도 λ 와 변수의 합을 곱한 항이 추가된 것을 알 수 있습니다. 요약하면 평균제곱오차와 정형화 식의 합이라고 할 수 있고, 이 정형화 식은 λ 곱하기 변수의 절댓값 합 또는 제곱의 합이라고 할 수 있습니다. 이 정형화 식을 L1 또는 L2 페널티penalty라고도 합니다. 여기서 전체 식을 최소화하려면 w는 작아져야 합니다. 즉 데이터와 예측값의 오차를 줄이되 작은 w 값으로 이를 달성하는 것으로 목표가 바뀝니다. 변수 w가 작아지게 되면 함수의 형태는 단순해지고 주어진 데이터에 오버피팅하는 정도 역시 줄어들게 됩니다. 하지만 λ가 너무 크게 들어가게 되면 w의 값이 아주 작아져 함수의 형태가 너무 단순해지기 때문에 오히려 언더피팅이 발생하고 맙니다. 따라서 λ 역시 다른 하이퍼파라미터처럼 적절한 값을 찾아야 합니다.

여기서 L1과 L2 정형화의 차이는 무엇일까요? 우선 L2 정형화는 수식적인 해를 구할 수 있다는 장점이 있습니다. 하지만 w의 제곱을 최소화하는 것이기 때문에 w의 값이 완전히 0이 되는 경우가 L1보다 적습니다. 그림으로 표현하면 더 알기 쉽습니다. 우선 L2 정형화부터 보겠습니다.

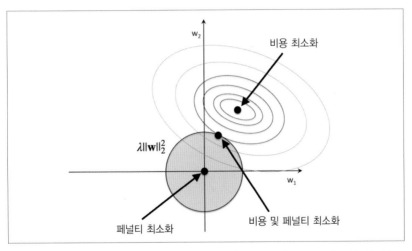

L2 정형화(*https://rasbt.github.io/mlxtend/user_guide/general_concepts/regularization-linear*)

그림에서 보이듯 기존의 평균제곱오차를 최소화하는 부분과 w의 제곱을 최소화하는 두 조건을 둘 다 만족하는 지점은 두 원형의 접점이기 때문에 0이 되기 어렵습니다.

이에 비해 L1 정형화는 다음 그림처럼 다르게 나타납니다.

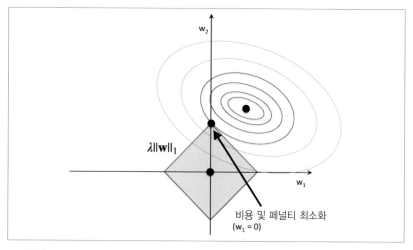

L1 정형화

L1 정형화는 절댓값 때문에 정형화로 인해 생기는 비용^{cost}이 직선의 형태를 띄게 되고, 따라서 최적화하면 w 값들이 0이 되는 경우가 많습니다. 이렇게 전체 w 중 0이 많은 경우를 가중치가 희박^{sparse}하다고 표현합니다. w가 0이 된다는 것을 통해 우리는 어떤 특성이 영향이 없는지 알 수 있습니다. 예를 들어 $y = w_1 x_1 + w_2 x_2 + w_3 x_3$라는 함수에 L1 정형화를 주었더니 w_2가 0이 나왔다면 x_2라는 특성은 오차를 줄이는 데 영향이 없다고 판단할 수 있습니다. 이러한 성질을 L1 정형화의 특성 선택$^{feature\ selection}$이라고도 부릅니다. 모델을 학습시킬 때 L1이나 L2 정형화 둘 중 하나만 사용할 수도 있고, 두 가지를 동시에 사용하기도 합니다(이를 일래스틱 정형화$^{elastic\ regularization}$라고도 부릅니다).

파이토치에서 정형화를 사용하는 방법은 크게 두 가지가 있는데, 기존의 손실 함수에 정형화 식을 명시적으로 추가하는 방법과 최적화 함수에 가중치 부식[decay] 인수를 주는 방법입니다. 첫 번째 방법은 기존에 사용하던 torch.nn.MSELoss()를 수정하는 것입니다.[1]

```
for m in self.modules():
    m.weight.data
```

즉 가중치 값에 접근해서 절댓값의 합을 구하거나 제곱의 합을 구해 평균제곱오차에 더해 이를 최적화하면 됩니다.

다른 방법은 파이토치에서 제공하는 방법인데 torch.optim에 있는 최적화 함수에 가중치 부식 인수를 지정하는 것입니다. 최적화 함수를 살펴보면 인수로 weight_decay라는 인수가 있는데 문서를 보면 L2 페널티라는 설명이 붙어 있습니다(*https://pytorch.org/docs/stable/optim.html*). 경사하강법에서 가중치 부식을 수식적으로 표현하면 다음과 같습니다.

$$w_{t+1} = w_t - lr \times \frac{\partial \text{loss}}{\partial w} - lr \times \lambda \times w$$

기존 업데이트 식에서 맨 뒤에 $lr \times \lambda \times w$가 추가된 형태인데, 이는 사실 L2 정형화 식을 w로 미분한 것과 같습니다(미분 시 제곱에서 내려오는 2가 없어진 이유는 연산 편의를 위해 $\frac{1}{2}\sum w^2$을 정형화 식으로 사용했기 때문이라고 보면 됩니다). 파이토치는 L2 정형화 기능만 제공하기 때문에 L1을 사용하려면 명시적으로 손실 함수 수식에 L1 식을 추가해야 합니다.

---

1 7장의 코랩 코드는 책에 수록한 예제 코드와 다르게 정확도를 높여가는 방향으로 구성되어 있습니다.

7.3 드롭아웃

정형화를 적용하는 다른 방법으로는 **드롭아웃**dropout이 있습니다. 먼저 드롭아웃을 이해하기 쉽게 그림으로 표현하면 다음과 같습니다.

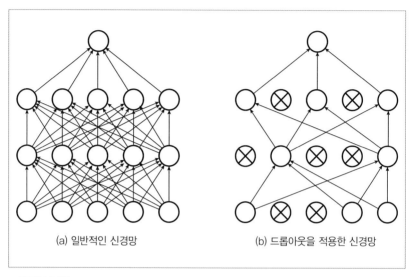

(a) 일반적인 신경망   (b) 드롭아웃을 적용한 신경망

드롭아웃의 적용

그림을 통해서도 알 수 있듯이 드롭아웃은 특정 뉴런의 확률 p를 0으로 바꾸는 것을 의미합니다. 그렇게 되면 이전 층에서 계산된 값들이 전달되지 않게 됩니다. 이를 모델 수용력의 관점으로 보면 p만큼 각 층의 수용력을 줄임으로써 전체 모델의 수용력을 줄이는 것으로 볼 수 있습니다. 전체 모델이 가지고 있는 수용력이 드롭아웃으로 인해 매번 감소하기 때문에 오버피팅될 확률은 줄어들게 됩니다. 드롭아웃은 수용력이 낮은 모델들의 앙상블ensemble 개념으로도 볼 수 있습니다. 학습 때 생기는 낮은 수용력의 모델들이 테스트할 때는 드롭을 하지 않음으로써 합쳐지기 때문입니다.

테스트할 때 모든 뉴런의 값을 전달하면 기존에 전달되던 값보다 더 큰 값이 전달되므로 문제가 생길 수 있습니다. 예를 들어 p가 0.5이고 4개의 노드에서 값이 전달되는 구조였다면, 학습 시에는 확률적으로 평균 2개의 노드에서 값이 전달되었을 것입니다. 하지만 테스트 시에는 4개의 노드에서 값이 모두 전달되기 때문에 모델이 학습 때 받던 값의 2배 정도가 입력으로 들어오게 됩니다. 이 차이를 맞춰주기 위해 테스트 시에는 드롭 확률을 곱해줍니다. 다른 예로 p가 0.2였다면 학습 시에는 전체의 0.8이 전달되었던 것이므로 테스트 시에는 전달된 값에 0.8을 곱해서 전달합니다.

파이토치에서는 드롭아웃 기능을 `torch.nn.Dropout`에 구현해놓았습니다. 1~3차원 데이터를 입력으로 받는 드롭아웃이 구현되어 있고 이를 하나의 층처럼 사용할 수 있게 되어 있습니다. 모델을 학습 상태와 테스트 상태로 조정하는 기능은 `torch.nn.Module`에 `Module.train()` 및 `Module.eval()`이라는 이름으로 구현되어 있습니다. 학습할 때는 기본 모드인 **train()**으로 해놓고 학습하고, 테스트할 때는 eval()을 사용함으로써 드롭아웃 모드를 바꿔줄 수 있습니다. 이 eval() 함수는 뒤에 설명할 배치 정규화와도 관련이 있습니다.

7.4 데이터 증강

데이터 증강data augmentation은 말 그대로 데이터를 늘리는 방법입니다. 이 방법 역시 이미지에서 많이 사용됩니다. 간략히 설명하자면 이미지를 돌리거나 뒤집는 것만 해도, 사람 눈으로 보기에는 별 차이가 없지만 컴퓨터가 보기엔 전혀 다른 수치이기 때문에 데이터의 수를 늘리는 효과를 가져온다고 할 수 있습니다.

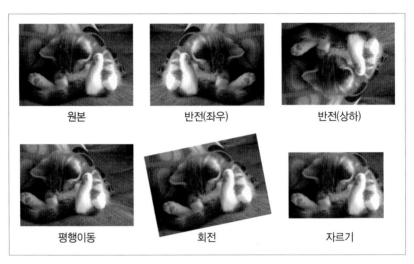

데이터를 늘리는 다양한 방법

그림처럼 좌우, 상하를 반전^{flip}하는 방법도 있고 임의의 크기로 잘라낸^{crop} 다음 사이즈를 키워 맞추기도 합니다. 이렇게 이미지를 회전하고 잘라내는 방법 등 다양한 방법이 있습니다. 이런 기본적인 증강은 torchvision에 포함되어 있습니다. 제공하는 함수들은 ToTensor, ToPILImage, Normalize, Resize, Scale, CenterCrop, Pad, Lambda, RandomCrop, RandomHorizontalFlip, Random VerticalFlip 등이 있으며 ImageFolder 함수에 넣어서 쓸 수 있습니다. 예를 들면 다음 코드와 같습니다.

```
img_data = dset.ImageFolder(img_dir, transforms.Compose([
        transforms.RandomSizedCrop(224),
        transforms.RandomHorizontalFlip(),
        transforms.ToTensor(),
        ]))
```

여기서 transforms.Compose() 함수는 이러한 증강 변형 작업을 묶어서 차례대로 실행하는 코드라고 보면 됩니다. 또한 Lambda 함수는 사전에 정의된 방법 말고 임의의 변형을 직접 짜서 쓸 수 있는 함수입니다. 파이토치에서는 PIL^{Python} $^{Imaging\ Library}$로 이미지 데이터를 읽어오기 때문에 Lambda 함수를 짤 때 넘파이나 PIL의 함수들을 이용하면 됩니다. Lambda 함수의 예시는 다음과 같습니다.

```
def random_rotate2d(img):
    rand = random.randrange(0,360,90)
    img = ndimage.interpolation.rotate(img,rand,reshape=False,order=0,mode='reflect')
    return img
```

사용할 때는 람다 함수에 이 함수와 입력값을 전달해주면 됩니다.

```
transforms.Lambda(lambda x: random_rotate2d(x))
```

이 같은 방법 외에도 가우시안 노이즈를 추가하는 방법이나 일래스틱 디포메이션$^{elastic\ deformation}$을 통해 이미지를 변형하는 방법도 있습니다.

7.5 초기화

모델을 학습할 때 우리는 주어진 입력과 결과, 그리고 정답 값을 통해 가중치를 학습하게 됩니다. 최적의 가중치가 존재한다고 가정하면 그 가중치 역시 어떠한 값이기 때문에 그 최적의 값과 가까운 지점에서 시작할수록 빠르게 수렴할 수 있을 것입니다. 하지만 최적의 지점 자체가 우리가 모르는 어떤 목푯값이기 때문에 근처에서 시작한다는 말은 성립할 수 없습니다. 대신 모델이 학습되는 도중에 기울기 소실 현상이나 기울기 과다와 같은 현상을 최소한 겪지 않게 하거나 손실 함수 공간을 최적화가 쉬운 형태로 바꾸는 방법을 택합니다. 이러한 방법 중 하나로 가중치의 **초기화**^{initialization}가 있고 그중 대표적인 방법으로 Xavier Glorot 초기화와 Kaiming He 초기화가 있습니다(해당 논문의 대표 저자 성명에서 딴 것입니다).

우선 **Xavier Glorot 초기화**부터 살펴보면 가중치의 초깃값을 $N\left(0, \text{var} = 2 \,/\right.$ $\left(n_{in} + n_{out})\right)$에서 뽑는다는 게 핵심입니다. n_{in}과 n_{out}은 해당 레이어에 들어오는 특성의 수, 나가는 특성의 수를 의미합니다. 해당 논문($http://$ $proceedings.mlr.press/v9/glorot10a/glorot10a.pdf$)[2]을 살펴보면 어떻게 이 식이 유도되는지 나와 있지만 간략히만 설명하면 데이터가 몇 개의 레이어를 통과하더라도 활성화 값이 너무 커지거나 너무 작아지지 않고 일정한 범위 안에 있도록 잡아주는 초기화 방법이라고 할 수 있습니다. 논문을 살펴보면 시그모이드와 하이퍼볼릭 탄젠트 같은 활성화 함수에 대한 실험이 나와 있습니다.

이 논문 발표 이후 렐루 활성화 함수가 사용되기 시작하면서 활성화 값이 0 이하이면 바꾸어 전달하는 방식이 쓰이게 되었고 여기에 맞춰 **Kaiming He 초기화**($https://arxiv.org/pdf/1502.01852$)가 나오게 되었습니다. Kaiming He 초기화는 가중치를 $N\left(0, \text{var} = \dfrac{2}{\left(1 + a^2\right) \times n_{in}}\right)$에서 샘플링하는데 이때 a는 렐루 또는 리키 렐루의 음수 부분의 기울기에 해당하고 기본적으로는 렐루를 사용한다는 가정하에 기본값은 0으로 지정되어 있습니다. 간략히 요약하면 시그모이드나 하이퍼볼릭 탄젠트를 주로 사용하는 경우는 Xavier Glorot 초기화를 사용하고, 렐루를 주로 사용하면 Kaiming He 초기화를 사용하는 것이 학습에 유리하다고 할 수 있습니다.

파이토치에서 초깃값을 설정하는 방법은 다음 코드를 참고합니다. `nn.Module`을 상속하여 모델을 만들고 `.modules()` 함수를 사용하여 모델 내부의 모듈들을 차례대로 돌면서 해당 모듈이 어떤 연산인지에 따라 초깃값을 `nn.init` 함수를 사용하여 초기화할 수 있습니다.

---

2 종종 접속이 안 될 때가 있는데, 구글 웹 캐시 등을 이용하면 내용을 볼 수 있습니다.

```python
class CNN(nn.Module):
    def __init__(self):
        super(CNN,self).__init__()
        self.layer = nn.Sequential(
            nn.Conv2d(1,16,3,padding=1),
            nn.ReLU(),
            nn.Conv2d(16,32,3,padding=1),
            nn.ReLU(),
            nn.MaxPool2d(2,2),
            nn.Conv2d(32,64,3,padding=1),
            nn.ReLU(),
            nn.MaxPool2d(2,2)
        )
        self.fc_layer = nn.Sequential(
            nn.Linear(64*7*7,100),
            nn.ReLU(),
            nn.Linear(100,10)
        )

        # initialization
        for m in self.modules():
            if isinstance(m, nn.Conv2d):
                '''# Init with small numbers
                m.weight.data.normal_(0.0, 0.02)
                m.bias.data.fill_(0)

                # Xavier Initialization
                init.xavier_normal(m.weight.data)
                m.bias.data.fill_(0)'''

                # Kaming Initialization
                init.kaiming_normal(m.weight.data)
                m.bias.data.fill_(0)

            elif isinstance(m, nn.Linear):
                '''# Init with small numbers
                m.weight.data.normal_(0.0, 0.02)
                m.bias.data.fill_(0)
```

```
# Xavier Initialization
init.xavier_normal(m.weight.data)
m.bias.data.fill_(0)'''

# Kaming Initialization
init.kaiming_normal(m.weight.data)
m.bias.data.fill_(0)
```

7.6 학습률

적절한 모델, 적절한 초깃값을 설정했음에도 학습률에 따라 모델의 학습이 달라
질 수 있습니다. 학습률은 3.2절에서 설명했듯이, 손실에 대한 가중치를 구하고
그 값과 학습률을 곱해서 변수들을 업데이트 하는 데에 사용됩니다. 학습률이
너무 높다면 업데이트 방향이 맞아도 너무 크게 업데이트되고, 너무 낮다면 지
엽적인 공간에서의 극솟값에만 도달하므로 전체 손실 공간에서의 극솟값에 도
달할 수 없게 됩니다.

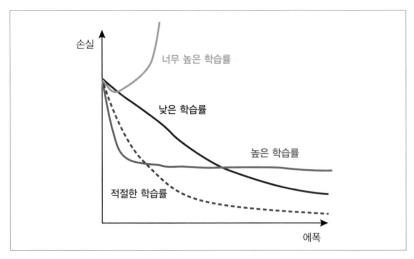

학습률과 손실 그래프

따라서 적절한 학습률을 찾아야 모델이 학습을 잘하고 전체 손실 공간에서 극 솟값을 찾을 수 있습니다. 보통 실무에서는 초기에 비교적 높은 학습률로 시작 하여 점차 학습률을 낮추는 전략을 취합니다. 하지만 이 방법이 정석은 아니 고 오히려 배치 사이즈를 늘리는 게 더 좋다는 연구도 있습니다. 학습률을 점차 떨어뜨리는 방법을 학습률 부식이라고 하는데 이와 관련된 파이토치 함수들은 torch.optim에 구현되어 있습니다. 대표적인 함수들을 나열해보면 다음과 같습니다.

```
torch.optim.lr_scheduler.StepLR
torch.optim.lr_scheduler.ExponentialLR
torch.optim.lr_scheduler.MultiStepLR
```

이 함수들은 공통적으로 optimizer를 인수로 받는데, 이는 우리가 기존에 사용하던 torch.optim.SGD 같은 최적화 함수를 의미합니다. 먼저 StepLR 함수는 지정한 step_size(에폭 수를 의미합니다)마다 학습률에 gamma를 곱해서 감소시킵니다. 이에 비해 ExponentialLR 함수는 매 에폭마다 학습률에 gamma를 곱해 감소시킵니다. 마지막으로 MultiStepLR 함수는 더 유연하게 step_size를 milestones 인수에 리스트로 받아서 원하는 지점마다 학습률을 감소시킵니다.

이들 함수 외에도 다양한 학습률 감소 방법이 구현되어 있고 직접 정의할 수도 있습니다. 예제 코드를 하나 보면 다음과 같습니다. 스케줄러를 통해 epoch마다 한 번씩 step을 호출하고, optimizer는 앞에서 배운 것과 동일하게 사용하면 됩니다.

```
loss_func = nn.CrossEntropyLoss()
optimizer = torch.optim.SGD(model.parameters(), lr=learning_rate)
scheduler = lr_scheduler.StepLR(optimizer, step_size=1, gamma= 0.99)

for i in range(num_epoch):
    scheduler.step()
```

```
for j,[image,label] in enumerate(train_loader):
    x = image.cuda()
    y_= label.cuda()

    optimizer.zero_grad()
    output = model.forward(x)
    loss = loss_func(output,y_)
    loss.backward()
    optimizer.step()

print(i,scheduler.get_lr())
```

7.7 정규화

학습 데이터에서는 잘 동작하는데 테스트 데이터에서는 학습이 제대로 안 된다면, 단순히 오버피팅 문제가 아니라 두 데이터의 분포가 달라서인 경우도 있습니다. 다음 그림에서 왼쪽이 학습 데이터, 오른쪽이 테스트 데이터라고 하면, 학습 시에 결과가 잘 나오던 모델도 테스트 시에는 결과가 좋지 않게 나올 수밖에 없을 것입니다. 또한 학습 시에도 데이터 간의 분포가 다르다면 각 분포에 맞춰 변수가 업데이트될 테니 그 데이터를 그대로 쓰면 학습조차 제대로 안 될 것입니다.

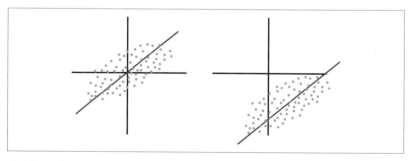

정규화가 필요한 이유

이럴 때 필요한 게 바로 **정규화**^{normalization}입니다. 데이터를 정규화하는 방법에는 여러 가지가 있는데 대표적인 방법으로 **표준화**^{standardization}가 있습니다. 표준화 과정을 그림으로 설명하면 다음과 같습니다.

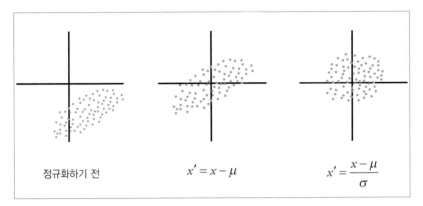

표준화의 과정

표준화는 데이터에서 평균을 빼고 표준편차로 나눠주는 과정을 거치는데 이렇게 되면 평균은 0, 분산은 1이 되어 데이터 분포가 표준정규분포화됩니다. 이렇게 되면 네트워크에 들어오는 입력값이 일정한 분포로 들어오기 때문에 학습에 유리합니다. 이미지넷에서 데이터로 모델을 학습할 때도 전체 데이터셋의 평균과 분산을 구해 데이터를 표준화하고 그 값을 입력으로 전달합니다.

파이토치에서 데이터를 표준화할 때는 torchvision의 transform 함수 중 Normalize라는 함수를 사용하는데 인수로는 평균과 분산을 넣어줍니다. 예시 코드는 다음과 같습니다. 여기에서 평균과 표준편차 3개가 들어가는 이유는 데이터가 RGB 3채널이기 때문입니다.

```
transform = transforms.Compose([
        transforms.ToTensor(),
        transforms.Normalize(mean=(0.485, 0.456, 0.406),
```

```
                    std =(0.229, 0.224, 0.225))
    ])
```

표준화 이외에도 많이 사용되는 정규화 방법 중 **최소극대화**^{minmax} 정규화가 있습니다. 최소극대화 정규화는 데이터를 주로 0에서 1 사이로 압축하거나 늘리는 방법으로 데이터에서 최솟값을 빼준 값을 데이터의 최대값과 최솟값의 차이로 나눠줌으로써 변형합니다. 명료하게 코드로 적으면 다음과 같습니다.

```
x = ( x - x.min() ) / ( x.max()-x.min() )
```

이렇게 되면 0에서 1 사이 밖에 있는 값들은 0과 1 사이로 압축되고, 전체 범위가 1이 안 되던 작은 값들은 0과 1사이로 늘어나게 됩니다. 최소극대화 정규화도 표준화처럼 일정 범위 내로 값들을 이동 시키긴 하지만 평균적 범위를 넘어서는 너무 작거나 너무 큰 이상치가 있는 경우에는 오히려 학습에 방해가 되기도 합니다.

정규화를 하면 일반적으로 학습이 더 잘되는데 그 이유를 그림으로 나타내면 다음과 같습니다. 가중치와 편차에 따른 손실 그래프를 그린 것인데 데이터가 정규화되지 않았을 때는 업데이트 과정에서 지그재그 모양으로 불필요한 업데이트가 많고 업데이트 횟수도 많이 필요합니다. 하지만 정규화된 손실 그래프는 원형에 가까운 형태를 가지기 때문에 불필요한 업데이트가 적고 더 큰 학습률을 적용할 수 있습니다.

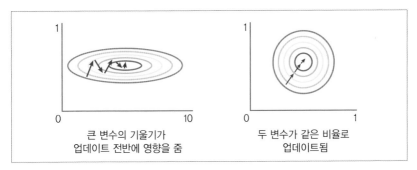

큰 변수의 기울기가
업데이트 전반에 영향을 줌

두 변수가 같은 비율로
업데이트됨

정규화를 하는 이유

다시 말해, 데이터가 정규화되지 않았다면 데이터의 각 요소별로 범위가 다를 것입니다. 그렇게 되면 모델을 학습시킬 때, 이상적으로 어떤 값은 크게 업데이트하고 어떤 값은 비교적 작은 수치로 업데이트해야 빠른 시간 안에 손실이 최소가 되는 지점에 도달할 것입니다. 하지만 각 변수마다 범위가 다르기 때문에 어떤 변수를 기준으로 학습률을 정하는지에 따라, 어떤 변수는 손실 최소 지점을 중심에 두고 왔다 갔다 할 것입니다. 이에 비해 정규화된 데이터는 변수들의 범위가 일정하기 때문에 비교적 높은 학습률을 적용시킬 수 있고 따라서 최소 지점에 더 빠르게 도달할 수 있게 됩니다. 그림이 나타내는 것도 바로 이런 의미입니다.

이러한 정규화는 입력값에만 해당하는 것이 아닙니다. 하나의 신경망에 대해서 입력의 범위가 바뀌는 것을 공변량 변화covariate shift라고 하는데 딥러닝 모델 내부에서도 하나의 은닉층에 여러 범위의 입력이 들어오는 내부 공변량 변화internal covariate shift가 일어나게 됩니다. 이것을 해결하기 위해 나온 방법 중 하나가 다음 절에서 살펴볼 배치 정규화입니다.

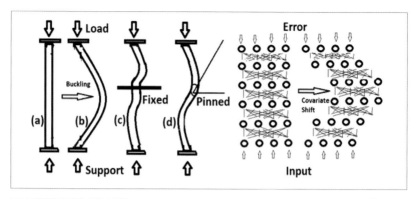

내부 공변량 변화에 대한 설명(*https://www.quora.com/Why-does-batch-normalization-help*)

7.8 배치 정규화

배치 정규화batch normalization는 말 그대로 한 번에 입력으로 들어오는 배치 단위로 정규화하는 것을 의미합니다. 배치 정규화의 알고리즘을 살펴보면, 먼저 입력에 대해 평균과 분산을 구하고 정규화를 합니다. 그리고 정규화된 데이터를 스케일 및 시프트scale & shift하여 다음 레이어에 일정한 범위의 값들만 전달되게 합니다. 구글 논문(*https://arxiv.org/pdf/1502.03167*)에 잘 설명되어 있는데, 입력이 $\mathcal{B} = \{x_{1...m}\}$ 라는 미니 배치mini-batch이고 학습되는 변수는 스케일 및 시프트에 쓰이는 γ 과 β 라고 할 때 출력 $\{y_i = BN_{\gamma,\beta}(x_i)\}$ 는 다음과 같이 구합니다.

$$\mu_{\mathcal{B}} \leftarrow \frac{1}{m}\sum_{i=1}^{m}x_i$$

$$\sigma_{\mathcal{B}}^2 \leftarrow \frac{1}{m}\sum_{i=1}^{m}(x_i - \mu_{\mathcal{B}})^2$$

$$\hat{x}_i \leftarrow \frac{x_i - \mu_{\mathcal{B}}}{\sqrt{\sigma_{\mathcal{B}}^2 + \epsilon}}$$

$$y_i \leftarrow \gamma\hat{x}_i + \beta \equiv BN_{\gamma,\beta}(x_i)$$

배치 정규화는 보통 합성곱 연산이나 선형 변환 연산 사이에 들어가게 되는데, 이미지넷에서 좋은 성능을 보여주었던 DenseNet에 사용되었던 순서는 '배치 정규화 → 활성화 함수 → 합성곱 연산' 순서였습니다. 이렇게 은닉층 단위마다 배치 정규화를 넣어주면 내부 공변량 변화를 방지하는 동시에 정규화의 장점인 더 큰 학습률의 사용도 가능해집니다.

배치 정규화는 학습 시 배치 단위의 평균과 분산들 차례대로 받아 이동평균과 이동분산을 저장해놓았다가 테스트할 때는 해당 배치의 평균과 분산을 구하지 않고 구해놓았던 평균과 분산으로 정규화를 합니다. 이렇게 하기 위해서는 배치 정규화 연산에 두가지 모드가 있어야 하는데, 이동평균과 이동분산을 구하는 모드는 nn.module의 train() 함수를 사용하면 되고 이동평균과 이동분산을 구하지 않는 모드로 전환할 때는 eval() 함수를 적용하면 됩니다. 코드 예시로 들면 다음과 같습니다.

```python
class CNN(nn.Module):
    def __init__(self):
        super(CNN,self).__init__()
        self.layer = nn.Sequential(
            nn.Conv2d(1,16,3,padding=1),    # 28
            nn.BatchNorm2d(16),
            nn.ReLU(),
            nn.Conv2d(16,32,3,padding=1),   # 28
            nn.BatchNorm2d(32),
            nn.ReLU(),
            nn.MaxPool2d(2,2),  # 14
            nn.Conv2d(32,64,3,padding=1),   #14
            nn.BatchNorm2d(64),
            nn.ReLU(),
            nn.MaxPool2d(2,2) # 7
        )
        self.fc_layer = nn.Sequential(
            nn.Linear(64*7*7,100),
            nn.BatchNorm2d(100),
```

```
    nn.ReLU(),
    nn.Linear(100,10)
)
```

위와 같은 모델을 학습한 이후에 테스트 데이터로 성능을 확인할 때는 eval()을 사용합니다.

```
model.eval()
```

이후 간단하게 정확도를 평가하는 방법 등으로 성능을 측정하면 됩니다.

```
correct = 0
total = 0

with torch.no_grad():
    for image,label in test_loader:
        output = model.forward(image)
        _,output_index = torch.max(output,1)
        total += label.size(0)
        correct += (output_index == label).sum().float()

print("Accuracy of Test Data: {}".format(100*correct/total))
```

최근에는 배치 정규화 말고도 배치 대신 데이터 하나당 정규화를 하는 인스턴스 정규화^{instance normalization}나 은닉층 가중치 정규화^{weight normalization} 등의 방법이 소개되기도 했습니다. 인스턴스 정규화는 파이토치에도 구현되어 있습니다.

7.9 경사하강법의 변형

모델을 학습할 때 각 가중치와 편차에 대한 기울기를 구하고 경사하강법을 사용해 각 변수를 업데이트한다고 앞에서 설명했습니다. 가지고 있는 모든 데이터를 한 번에 다 보고 업데이트하는 것은 데이터의 크기가 작을 때만 가능하고, 보통은 일정한 배치 사이즈 만큼씩 데이터를 불러와서 연산을 시행합니다. 이 방법이 우리가 지금까지의 코드에서 사용했던 SGD 방법입니다. 하지만 기본 경사하강 알고리즘을 사용하면 손실을 최소화하는 지점까지 도달하기에 시간이 오래 걸리기 때문에 다양한 변형 방법들이 나왔고 파이토치에는 이러한 대부분의 변형 알고리즘도 구현되어 있습니다.

첫 번째로 소개할 알고리즘은 가속도의 개념을 추가한 경사하강법입니다. 기존의 경사하강법과 수식으로 비교해보겠습니다.

$$\theta = \theta - \text{lr} \times gradient$$

가속도가 추가된 경사하강법을 수식으로 표현하면 다음과 같습니다.

$$v_t = \gamma \times v_{t-1} + lr \times gradient$$
$$\theta = \theta - v_t$$

수식을 보면 v와 γ라는 새로운 변수가 생긴 것을 확인할 수 있는데 이는 속도 velocity와 가속도를 의미합니다. 기존의 속도 v에 가속도 γ를 곱하고 여기에 해당 시점의 기울기에 학습률만큼 곱한 값을 더해 새로운 v를 구해 이를 기존의 변수 (θ)에서 뺌으로써 변수를 업데이트하는 것입니다. 직관적으로 생각하면 같은 방향으로 업데이트가 여러 번 일어나게 되면 해당 방향으로 점점 가속도가 붙어 더 많이 업데이트함으로써 빠르게 최소 지점에 가까워지게 됩니다.

두 번째로 소개할 방법은 네스테로프Nesterov 가속 경사하강법입니다. 가속도 경사하강법과 네스테로프 경사하강법의 차이를 나타낸 그림을 먼저 보겠습니다.

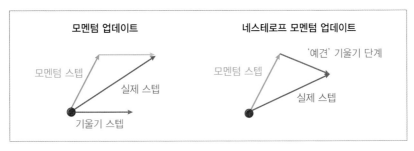

모멘텀 업데이트   네스테로프 모멘텀 업데이트

네스테로프 경사하강법(*http://cs231n.github.io/neural-networks-3*)

이 방법의 핵심은 가속도 자체는 현재 시점 이전 즉, 과거의 값들로 구해진 값이기 때문에 현재 시점의 기울기가 어떻게 나오든 무관하게 업데이트될 값이라는 관점입니다. 따라서 우선 가속도에 대한 변수 업데이트는 진행하고 그 이후에 각 변수들의 기울기를 다시 구해서 한 번 더 업데이트 하는 방식으로 이해하면 됩니다.

수식으로 쓰면 다음과 같습니다.

$$gradient = gradient\left(\theta - \gamma \times v_{t-1}\right)$$

$$v_t = \gamma \times v_{t-1} + lr \times gradient$$

$$\theta = \theta - v_t$$

이외에도 AdaGrad$^{\text{adaptive gradient}}$, AdaDelta, Adam 알고리즘 등이 널리 사용됩니다. 각 알고리즘에 대한 자세한 내용은 이 책에서 담고자 하는 범위를 넘어가므로 간단히만 언급하겠습니다. AdaGrad 알고리즘은 기울기 누적 변수$^{\text{gradient accumulation variable}}$ r을 도입해 기존에 기울기가 적게 변한 변수는 한 번에 크게 업데이트하고 많이 발생한 변수는 적게 업데이트하는 방식입니다. 하지만 업데이트가 많이 필요한 변수에 대해서 AdaGrad 알고리즘을 적용하면 학습이 충분히 안 될 가능성도 있습니다. 따라서 지정한 비율로 저장된 기울기를 부식시키는 방법이 AdaDelta 알고리즘입니다(부식률$^{\text{decay rate}}$ 변수 p를 추가). 끝으로 Adam 알고리즘은 기울기의 일차 모멘트(평균), 이차 모멘트(분산)를 계산하여 변수를 업데이트하는 방식입니다.

이들 알고리즘을 보면 가속도나 모멘트 같은 개념들이 나와서 어렵다고 느낄 수도 있는데 실제로 코드에서 사용하는 건 간단합니다. 기존에는 다음과 같이 SGD 알고리즘을 사용했습니다.

```
optimizer = torch.optim.SGD(model.parameters(), lr=learning_rate)
```

SGD 말고 Adam 알고리즘을 사용하고 싶을 땐 간단하게 다음과 같이 지정하면 됩니다.

```
optimizer = torch.optim.Adam(model.parameters(), lr=learning_rate)
```

앞서 설명한 알고리즘들 외에도 여러 알고리즘이 파이토치에 구현되어 있으므로 원하는 알고리즘을 사용하면 됩니다.

CHAPTER 8

뉴럴 스타일 트랜스퍼

이번 장에서는 흔히` 스타일 트랜스퍼^{style transfer}라고 불리는 기법의 시초가 되는 논문을 간단히 살펴볼 것입니다. 우선 그림 한 장으로 논문의 결과를 보겠습니다.

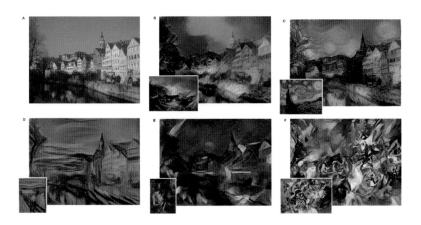

스타일 트랜스퍼 결과(*https://arxiv.org/pdf/1508.06576*)

여러 기사를 통해 이 그림이 의미하는 바를 들어봤을 것입니다. 유명한 회화들의 스타일을 학습시켜 사진에 그러한 화풍을 적용한 결과물입니다. 아무리 봐도

신기한 결과가 아닐 수 없습니다. 어떻게 이런 일이 가능할 수 있는지, 논문을 살펴보며 알아보겠습니다. 전이학습의 개념부터 간단히 설명하고 넘어가겠습니다.

8.1 전이학습

전이학습transfer learning은 특정 조건에서 얻어진 어떤 지식을 다른 상황에 맞게 말 그대로 '전이'해서 활용하는 학습 방법입니다. 예를 들어 이미지넷 데이터로 학습된 모델이 있다고 하면 그 모델의 변수들은 이미지넷의 다양한 클래스를 구분하기 위해 학습되었을 것입니다. 하지만 그 변수 중에는 어떤 이미지에도 적용할 수 있는 가로 선, 세로 선 필터들이 있을 것이고 이러한 필터들은 상품 이미지 구분 같은 작업에도 충분히 사용될 수 있을 것입니다. 이때 전이되는 것은 범용적인 형태를 구분할 수 있는 지식, 즉 학습한 필터가 될 것입니다.

전이학습은 몇가지 장점을 가지는데 첫 번째로는 데이터 부족을 어느 정도 해결할 수 있다는 점입니다. 딥러닝을 적용해 모델을 학습시키기 위해서는 많은 데이터와 연산장치가 필요합니다. 연산장치는 GPU를 사거나 클라우드 솔루션을 사용하여 해결할 수 있지만, 정제된 데이터를 많이 모으기 위해서는 상당한 시간과 노력이 들어가기 마련입니다. 예를 들어 특정 뇌 질환이 있는 환자의 데이터가 필요한 경우 개인정보 비식별화 같은 민감한 사안이 있을 수 있고, 그 전에 전체 환자 수가 워낙 적어서 절대적인 데이터의 수가 부족할 수도 있습니다. 이러한 상황에서 모델의 변수들을 처음부터 학습하려고 하면 데이터 수가 부족해 성능이 잘 나오지 않습니다. 이때 전이학습이 사용되는데 간단하게 그림으로 설명하면 다음과 같이 나타낼 수 있습니다.

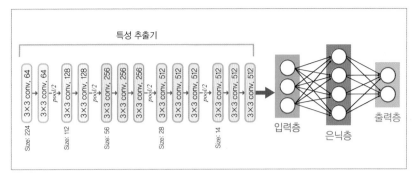

전이학습의 예

왼쪽에서 합성곱 연산으로 이루어진 부분은 이미지넷 같은 작업으로 미리 학습된 모델 중에서 마지막 완전연결 네트워크 부분을 떼어낸 부분이고, 오른쪽 네트워크는 아직 학습이 안 된 변수들로 이루어진 신경망입니다. 미리 학습된 왼쪽 부분을 어떤 이미지가 들어왔을 때 미리 학습된 필터들로 특성들을 추출한다고 해서 **특성 추출기**feature extractor라고 부르기도 합니다. 데이터가 부족한 상황에서, 새롭게 붙인 오른쪽 네트워크의 변수에 대해서만 학습을 진행하고 왼쪽 특성 추출기의 변수는 고정해놓는 것입니다. 데이터 수가 극히 적을 때는 위와 같은 방법을 사용하고 데이터 수가 늘어남에 따라 학습하는 네트워크의 범위를 점차 늘려가기도 합니다.

두 번째 장점은 학습에 걸리는 시간이 줄어든다는 점입니다. 모델을 처음부터 학습하려면 단순한 필터부터 시작해서 복잡한 형태의 필터까지 다 학습이 이루어져야 합니다. 하지만 이미 학습된 필터를 가지고 시작하는 전이학습은 이 과정이 생략되고 현재 작업에 적합한 필터 조합만 추가적으로 학습이 필요하기 때문에 학습 시간이 적게 걸립니다.

부가적인 장점으로는 시뮬레이션에서 학습된 모델을 현실에 적용할 수 있게 해준다는 점이 있습니다. 자율주행차를 예로 들면 특정 상황에서 어떻게 운전을 해야 하는지 배워야 하는 상황에서 학습이 안 된 상태로 자율주행차가 돌아다

닌다면 실험용 차량은 물론이고 주변 사람까지 위험에 처하게 됩니다. 이럴 때 자율주행차용 시뮬레이션 환경을 만들고 거기서 학습된 변수들을 이용해 전이학습을 현실에서 하는 것이 더 안전할 것입니다. 실제로 전이학습은 앞서 설명한 것처럼 학습된 모델 중 일부만 사용하는 것을 포함하여, 도메인 적응^{domain} ^{adaptation} 및 다양한 분야에서 활용되고 있습니다.

전이학습의 예시로 이미지넷으로 이미 학습한 ResNet 모델(5.7.3절에서 살펴봤습니다)을 불러와보겠습니다. 단, 다음 코드에서 **pretrained**를 **False**로 바꾸기만 하면 모델 변수는 학습된 변수 대신 무작위 값으로 초기화됩니다.

```
import torchvision.models as models
resnet = models.resnet50(pretrained=True)
```

이렇게 불러온 모델은 **named_children**이라는 함수를 가지고 있는데 이 함수가 하는 일은 ResNet 모델의 직속 자식^{child} 노드들을 불러오는 것입니다. 다음 코드는 분류 과정의 레이어를 출력합니다.

```
for name,module in resnet.named_children():
    print(name)
```

출력 결과는 다음과 같습니다.

```
conv1
bn1
relu
maxpool
layer1
layer2
layer3
layer4
avgpool
fc
```

결과를 보면 layer4까지는 이미지 데이터에서 특성을 추출하고 이를 avgpool에서 평균을 낸 후, 완전연결 네트워크(fc)를 통과시켜 분류를 완료하는 것을 확인할 수 있습니다. 따라서 새로운 데이터로 분류기를 만들기 위해서 필요한 부분은 특성을 추출하는 부분과 선택적인 avgpool 부분이라고 할 수 있습니다. 이렇게 미리 학습된 부분과 새롭게 붙일 분류기를 만드는 코드는 다음과 같습니다.

```python
class Resnet(nn.Module):
    def __init__(self):
        super(Resnet,self).__init__()
        self.layer0 = nn.Sequential(*list(resnet.children())[0:-1])
        self.layer1 = nn.Sequential(
            nn.Linear(2048,500),
            nn.BatchNorm1d(500),
            nn.ReLU(),
            nn.Linear(500,num_category),
            nn.ReLU()
        )

    def forward(self,x):
        out = self.layer0(x)
        out = out.view(batch_size,-1)
        out = self.layer1(out)
        return out
```

코드를 보면 조금은 복잡해 보이는 *list(resnet.children())[0:-1] 라인이 있습니다. 하나씩 설명해보겠습니다. 우선 resnet.children()은 위에서 named_children을 호출했던 것과 비슷하게 직속 자식 노드들을 불러오되 이름은 빼고 모듈만 불러옵니다. 이 모듈 안에는 학습된 변수들이 포함되어 있습니다. 이때 리턴되는 값은 제너레이터이기 때문에 이를 리스트로 바꿔주고, 그중 fc 층은 사용하지 않을 것이기 때문에 [0:-1] 인덱싱으로 이를 빼줍니다. 마지막으로 nn.Sequential()에 전달해주기 위해서는 리스트가 아닌 리스트의 내용물을 전달해야 하기 때문에 *을 앞에 붙여서 언패킹^{unpacking}을 해줍니다.

Self.layer1은 avgpool 층을 통과하고 나온 텐서를 입력값으로 받아 구분하고 자 하는 카테고리의 개수대로 분류되게 됩니다. 이때 forward 함수에서 out = out.view(batch_size,-1) 라인이 하는 일은 앞의 연산을 통과하고 나온 4차원 텐서를 nn.Linear 함수에 맞게 2차원으로 변환해주는 것입니다. 모델 구조는 완성이 되었고 이제 학습의 대상이 되는 변수 범위를 정하는 일이 남았습니다. 코드로 보면 다음과 같습니다.

```
for params in model.layer0.parameters():
    params.require_grad = False

for params in model.layer1.parameters():
    params.requires_grad = True
```

이 코드가 하는 일은 layer0에 있는 변수들을 순회하면서 require_grad를 False로 바꿔주는 것뿐입니다. 즉 해당 변수에 대한 기울기를 계산하지 않게 해서 업데이트가 이루어지지 않게 합니다. layer1에 대해서는 이와 반대로 학습이 이루어지도록 설정해놓습니다. 학습된 모델에서 변수를 가져와서 새로운 모델을 만들고 학습 범위까지 지정하면 이제 여태까지 해왔던 대로 데이터를 넣고 최적화 함수를 통해 모델을 학습하면 됩니다.

8.2 스타일 트랜스퍼

스타일 트랜스퍼는 전이학습의 단적인 예라고 할 수 있습니다. 전이학습은 이전에 다른 작업으로 모델을 학습하면서 얻어진 지식을 다른 목적으로 활용하는 학습 방법이라고 배웠습니다. 그렇다면 스타일 트랜스퍼는 다른 작업을 위해 학습된 모델에서 어떤 지식을 뽑아내 어떻게 활용하는 것일까요? 지금부터 살펴보겠습니다.

우선 스타일 트랜스퍼에서 지식 전이에 사용한 모델은 주로 이미지넷 구분 작업에 사용된 모델들입니다. 이 모델들은 공통적으로 이미지에서 특정한 형태를 구분할 수 있는 필터들을 가지고 있습니다. 이해를 돕기 위해 학습된 필터들을 시각화한 다음 그림을 보면, 이미지 입력 단에 가까운 Layer 1에는 가로 선, 세로 선, 대각선이나 색에 대해 반응하는 필터들이 학습되고, 레이어가 깊어질수록 이 간단한 필터들의 조합으로 복잡한 형태를 구분할 수 있게 되는 것을 알 수 있습니다.

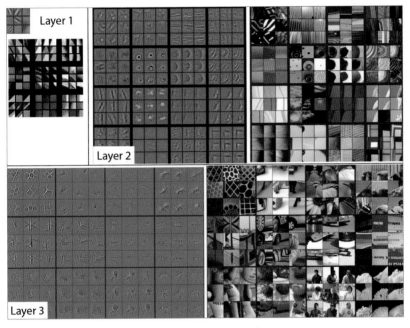

합성곱 신경망 필터의 시각화(*https://arxiv.org/pdf/1311.2901*)

이러한 필터들의 특성은 바로 범용성에 있습니다. 가로세로 대각선 필터들은 사실 작업 종류와는 관계없이 물체를 인식하는 데 모두 적용될 수 있기 때문에 학습된 모델에서 얻은 지식을 다른 작업에 전이할 수 있는 것입니다.

8.3 스타일과 콘텐츠의 정의

이미지넷 같은 대량의 데이터로 학습한 모델의 필터들이 임의의 이미지에 적용되어 특성을 추출할 수 있다는 것은 알겠는데, 그렇다면 여기서 스타일은 어떻게 뽑을 수 있을까요? 논문에서는 스타일을 다른 필터 응답들 간의 연관성 correlations between the different filter responses이라고 서술하며, 이에 덧붙여 필터 활성도의 그람 행렬로 나타냈습니다.

그람 행렬이란 내적이 정의된 공간에서 벡터 $v_1, v_2, ..., v_n$ 이 있을 때 가능한 모든 경우의 내적을 행렬로 나타낸 것입니다. 예를 들어 v_1, v_2, v_3 의 그람 행렬은 다음과 같습니다. 벡터 하나하나 간의 내적으로 계산하지 않고 행렬곱으로 계산하면 한 번에 그람 행렬을 구할 수 있습니다.

$$G_{ij} = \begin{bmatrix} \langle v_1, v_1 \rangle & \langle v_1, v_2 \rangle & \langle v_1, v_3 \rangle \\ \langle v_2, v_1 \rangle & \langle v_2, v_2 \rangle & \langle v_2, v_3 \rangle \\ \langle v_3, v_1 \rangle & \langle v_3, v_2 \rangle & \langle v_3, v_3 \rangle \end{bmatrix} = \begin{bmatrix} v_1 \\ v_2 \\ v_3 \end{bmatrix} \begin{bmatrix} v_1 v_2 v_3 \end{bmatrix}$$

실제 이미지에 대한 합성곱 연산 결과를 예로 살펴보겠습니다. 다음과 같은 고양이 이미지가 있고 Red, Green, Blue 3개의 필터가 있다면 각각의 필터에 대한 활성화 텐서는 3차원 텐서로 주어질 것입니다. 이 텐서가 논문에서 말하는 '필터 응답'에 해당합니다. 이를 이용해 그람 행렬을 만들기 위해서는 이를 벡터화해야 합니다. 사실 그냥 간단하게 일렬로 쭉 펴면 벡터가 됩니다.

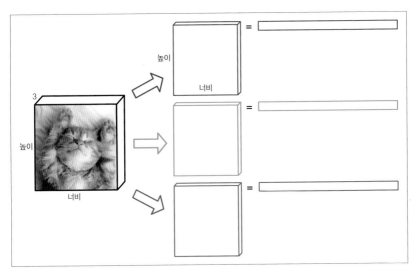

활성화 지도를 통해 그람 행렬을 구하는 과정

이렇게 벡터화한 필터에 대한 활성화 값들을 붙여서 행렬화하면 다음 그림처럼 행이 필터의 개수, 열이 기존 이미지의 가로×세로인 행렬이 생기게 됩니다. 이를 이용해 그람 행렬을 구하려면 이 행렬을 전치한 행렬과 곱을 해주면 됩니다.

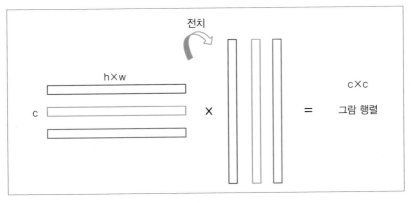

활성화 지도를 통해 그람 행렬을 구하는 과정 2

논문에서는 스타일뿐만 아니라 콘텐츠라는 개념도 정의를 내립니다. 논문에서 말하는 콘텐츠는 스타일과 대비되는 형태를 의미하며, 이와 관련하여 **콘텐츠 표현**content representation에 대해 '더 높은 레이어 내의 특성 응답feature responses in higher layers of the network'이라고 정의했습니다. 여기서 특성 응답은 활성화 지도를 의미하고, 더 높은 레이어라고 한 것은 모델에서 어느 정도 깊이가 있는 지점을 의미합니다. 이렇게 정한 이유는 뒤에서 설명하겠습니다.

8.4 학습 알고리즘

콘텐츠와 스타일의 정의를 살펴보았으니 이를 통해 어떻게 스타일 트랜스퍼가 이루어지는지 설명하겠습니다. 우선 학습 알고리즘을 그림 하나로 나타내면 다음과 같습니다. 왼쪽은 스타일, 가운데는 학습의 대상이 되는 이미지, 오른쪽은 콘텐츠를 가리킵니다. 지금까지 주로 학습의 대상이 되어왔던 것은 모델의 변수였지만 스타일 트랜스퍼에서는 스타일과 콘텐츠가 적절하게 섞인 이미지가 최종 결과물이기 때문에 결과 이미지가 학습의 대상이 됩니다.

총 손실은 콘텐츠 손실과 스타일 손실에 각각 가중치 α, β를 곱해서 합한 값이 됩니다. 왼쪽과 가운데를 비교해서 스타일 손실을 계산하고, 가운데와 오른쪽을 비교해서 콘텐츠 손실을 계산합니다. 이때 스타일과 콘텐츠를 뽑아내는 모델과 가운데 목표 이미지에서 스타일과 콘텐츠를 뽑아내는 모델은 이미지넷으로 이미 학습되어 있는 공통된 하나의 모델입니다. 모든 손실은 평균제곱오차로 계산됩니다. 또한 그림을 자세히 보면 스타일 손실은 모든 위치에서 발생하지만 콘텐츠 손실은 conv_4에서만 발생하는 것을 알 수 있습니다.

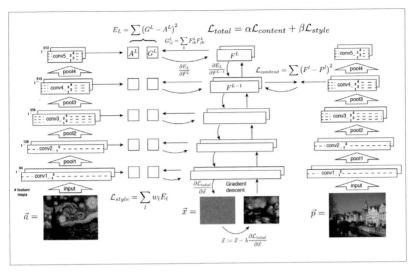

스타일 트랜스퍼 모델 학습의 전체적 구조(*https://ieeexplore.ieee.org/document/7780634*)

스타일 손실을 모든 위치에서 계산하는 이유는 모델의 위치에 따라 수용 영역 receptive field이 달라지기 때문입니다. 예를 들어 10×10 이미지에 패딩 0, 스트라이드를 1인 조건으로 3×3 필터를 적용해 얻은 8×8 활성화 지도에서 하나의 칸은, 원래 이미지에서 3×3의 영역을 보고 얻은 결과입니다. 이때 해당 위치의 수용 영역은 원본 이미지에서 3×3이 됩니다. 8×8 활성화 지도에 다시 한번 같은 조건의 합성곱 연산을 하게 되면 결과로 나온 활성화 지도는 6×6, 그리고 이때 한 칸의 수용 영역은 5×5가 되게 됩니다. 수용 영역에 관련해서는 다음 그림을 보면 도움이 될 것입니다.

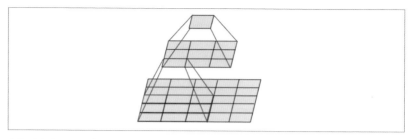

수용 영역의 크기 계산(*https://arxiv.org/pdf/1512.00567*)

모델의 위치마다 이 수용 영역은 달라지게 되는데, 스타일을 서로 다른 수용 영역에서 뽑아낸다는 것은 어떤 의미일까요? 바로 좁은 영역의 스타일부터 넓은 영역의 스타일까지 다양하게 보겠다는 의미입니다. 논문의 다음 그림에서 상단을 보면 서로 다른 범위에서 뽑은 스타일이 어떻게 다른지 시각적으로 볼 수 있습니다. 좁은 수용 영역에서 뽑은 스타일은 세밀한 스타일인 데 비해, 넓은 수용 영역에서 뽑아낸 스타일은 우리가 고흐의 작품을 볼 때 떠올리는 전체적인 스타일과 가까운 것을 볼 수 있습니다.

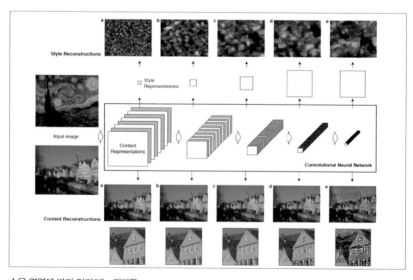

수용 영역에 따라 달라지는 결과들

그렇다면 콘텐츠 손실의 발생 위치는 왜 네 번째 합성곱 연산 이후인 걸까요? 또한 콘텐츠 손실과 스타일 손실의 비중은 어떻게 정해지는 걸까요? 논문의 다음 그림에서 가로축은 α를 β로 나눈 비율이고 세로축은 모델에서 콘텐츠 손실을 계산한 위치를 의미합니다.

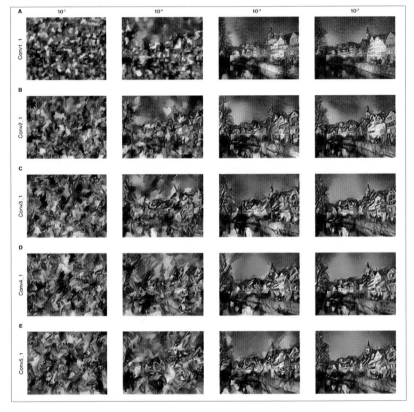

콘텐츠와 스타일의 상대적 가중치와 콘텐츠 손실 발생 위치

앞에서 봤던 것처럼 총 손실은 콘텐츠 손실과 스타일 손실에 가중치 α, β를 곱해서 더한 값입니다.

$$L_{total} = \alpha L_{content} + \beta L_{Style}$$

앞의 그림을 보면 스타일 손실에 대한 가중치 β가 커지면 커질수록 원래 그림의 형태가 사라지며, 콘텐츠 손실을 계산한 위치가 입력 이미지에 가까워질수록 원본 이미지의 위치 정보가 잘 유지되는 것을 확인할 수 있습니다. 논문에서 conv_4에서 콘텐츠 손실을 계산한 것은 형태를 보존하면서도 스타일을 잘 입힐 수 있도록 실험을 통해 적절한 위치를 찾은 것으로 보입니다.

8.5 최적화 알고리즘

여태까지 모델을 학습할 때는 1차 미분 값을 이용하는 경사하강법을 사용했습니다. 물론 스타일 트랜스퍼에서도 Adam 같은 최적화 알고리즘을 사용해도 되지만, 스타일 트랜스퍼를 구현할 때는 2차 미분 값까지 이용한 **L–BFGS**[limited-memory BFGS] 알고리즘을 사용하는 편입니다. 이 2차 미분 최적화 알고리즘에 대해서는 **뉴턴 메서드**(뉴턴 방법)[Newton's method]를 알면 이해에 도움이 되므로 이를 먼저 간단히 설명하겠습니다.

x에 대한 함수 $f(x)$가 있다고 가정하고 이때 $f(x)=0$ 이 되는 지점을 찾는 게 목적이라고 할 때, 임의의 시작점 x_0에서 시작한다고 가정하겠습니다. 그러면 경사하강법에서처럼 $f'(x_0)$를 구할 수 있고 $f'(x_0)$과 x축과의 접점을 x_1이라고 하면 일반적으로 x_0 보다 x_1이 $f(x)=0$ 이 되는 x에 가깝다는 사실이 알려져 있고, 이 과정을 반복하면 $f(x)=0$ 인 x에 수렴한다는 것이 뉴턴 메서드의 내용입니다. 이 업데이트 식을 수식으로 써보면 다음과 같습니다.

$$x_{t+1} = x_t - \frac{f(x_t)}{f'(x_t)}$$

다음은 계산 과정을 보여주는 그림 예시입니다.

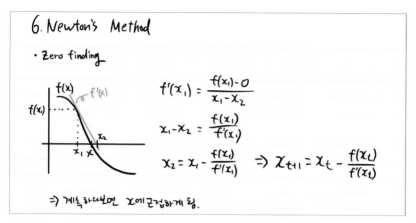

뉴턴 메서드로 f(x)=0인 x를 찾는 과정

여기서 우리가 찾고자 하는 지점은 손실 함수가 최소가 되는 지점 즉, $f'(x)=0$ 인 지점이기 때문에 앞의 식의 $f(x)$ 대신 $f'(x)$를 넣어주면 됩니다. 그러면 수식은 다음과 같이 2차 미분의 형태로 변하게 됩니다.

$$x_{t+1} = x_t - \frac{f'(x_t)}{f''(x_t)}$$

이렇게 되면 우리가 잘 모르는 어떤 함수 $f(x)$에 대해서 1차 미분과 2차 미분 이라는 더 많은 정보를 가지게 되는 셈이니 1차 미분보다 더 잘 근사할 가능성 이 생깁니다. 하지만 이 방법은 연산 속도 면에서 1차 미분보다 느리다는 문제 를 가지고 있습니다. 수식 중 $\dfrac{1}{f''(x_t)}$를 계산하는 데 걸리는 시간이 $O(n^3)$이 기 때문입니다.

따라서 이 값을 엄밀하게 계산하는 대신 근사하는 방식으로 바꿔서 연산 속도를 높인 방식이 바로 **BFGS**Broyden–Fletcher–Goldfarb–Shanno 알고리즘으로서, 연산 복잡도가 $O\left(n^2\right)$으로 줄어들게 됩니다. 여기에 최근 m개의 1차 미분 값만을 사용해서 더 적은 메모리를 사용하게 변형한 방법이 바로 스타일 트랜스퍼에 사용된 L-BFGS 알고리즘입니다. L-BFGS는 연산 복잡도가 $O\left(mn\right)$인 것으로 알려져 있습니다.

8.6 코드 구현

스타일 트랜스퍼를 구현하기 위해 우선은 사전에 학습된 ResNet-50을 불러옵니다.

```
resnet = models.resnet50(pretrained=True)
```

그리고 이 모델에서 활성화 지도를 뽑고 싶은 위치를 정해서 그 위치를 단위로 레이어들을 만들어줍니다. 이렇게 해야 스타일 트랜스퍼 논문에서처럼 각 위치별로 활성화 지도를 뽑아내 콘텐츠와 스타일 손실을 계산할 수 있습니다. 이때 네트워크의 변수들은 학습의 대상이 아니기 때문에 기울기 계산은 멈춰둡니다.

```
class Resnet(nn.Module):
    def __init__(self):
        super(Resnet,self).__init__()
        self.layer0 = nn.Sequential(*list(resnet.children())[0:1])
        self.layer1 = nn.Sequential(*list(resnet.children())[1:4])
        self.layer2 = nn.Sequential(*list(resnet.children())[4:5])
        self.layer3 = nn.Sequential(*list(resnet.children())[5:6])
        self.layer4 = nn.Sequential(*list(resnet.children())[6:7])
        self.layer5 = nn.Sequential(*list(resnet.children())[7:8])

    def forward(self,x):
        out_0 = self.layer0(x)
```

```
        out_1 = self.layer1(out_0)
        out_2 = self.layer2(out_1)
        out_3 = self.layer3(out_2)
        out_4 = self.layer4(out_3)
        out_5 = self.layer5(out_4)
        return out_0, out_1, out_2, out_3, out_4, out_5

for param in resnet.parameters():
    param.requires_grad = False
```

다음은 활성화 지도를 그람 행렬화하는 코드와 이를 이용해 손실을 계산하는 코드입니다. torch.bmm이라는 함수는 예를 들어 [batch_size, l, m] 형태의 텐서와 [batch_size, m, n] 형태의 텐서에 대해 배치 크기 부분은 연산에서 제외하고 [l, m]과 [m, n] 부분에 대해서만 행렬곱 연산을 수행하는 함수입니다.

```
class GramMatrix(nn.Module):
    def forward(self, input):
        b,c,h,w = input.size()
        F = input.view(b, c, h*w)
        G = torch.bmm(F, F.transpose(1,2))
        return G

class GramMSELoss(nn.Module):
    def forward(self, input, target):
        out = nn.MSELoss()(GramMatrix()(input), target)
        return out
```

네트워크와 손실 함수가 준비되었으니 이제 스타일 이미지, 콘텐츠 이미지, 그리고 생성할 이미지를 설정해보겠습니다. 코드에서 image_preprocess라는 함수는 이미지 파일을 읽어와서 이미지넷 데이터 분포에 따라 정규화하는 함수입니다(책에는 싣지 않습니다. 코랩 파일을 참고해주세요). 여기서 스타일과 콘텐츠 이미지는 학습의 대상이 아니기 때문에 requires_grad를 False로 지정합니다.

```
content = image_preprocess(content_dir).requires_grad_(False)
style = image_preprocess(style_dir).requires_grad_(False)
generated = content.data.clone().requires_grad_(True)
```

그다음에는 학습 동안 변함이 없는 스타일 목푯값과 콘텐츠 목푯값을 지정합니다. 그리고 스타일 손실은 서로 다른 크기의 그람 행렬에서 발생하는데 그 값들을 정규화해주기 위해 각 위치에서 발생한 손실을 그람 행렬의 가로세로 크기로 나누어서 총 스타일 손실을 계산합니다.

```
style_target = list(GramMatrix()(i) for i in resnet(style))
content_target = resnet(content)[content_layer_num]
style_weight = [1/n**2 for n in [64,64,256,512,1024,2048]]
```

이제 L-BFGS 최적화 함수를 설정합니다. L-BFGS 함수는 기존 기울기들을 기억해 2차 미분 값을 계산하기 때문에 클로저를 작성해 1차 미분 값들을 전달해줘야 합니다. 클로저 함수 내부는 1차 미분으로 학습할 때와 똑같이 구성되어 있습니다.

```
optimizer = optim.LBFGS([generated])

iteration = [0]
while iteration[0] < epoch:

    def closure():
        optimizer.zero_grad()
        out = resnet(generated)
        style_loss = [GramMSELoss()(out[i],style_target[i])*style_weight[i] for i in
range(len(style_target))]
        content_loss = nn.MSELoss()(out[content_layer_num],content_target)
        total_loss = 1000 * sum(style_loss) + content_loss
        total_loss.backward()
        if iteration[0] % 100 == 0:
            print(total_loss)
        iteration[0] += 1
```

```
        return total_loss

optimizer.step(closure)
```

이렇게 이미지를 학습시키면 논문과 같이 다음과 같은 결과를 낼 수 있습니다.
왼쪽부터 순서대로 콘텐츠, 생성된 이미지, 스타일 이미지입니다.

스타일 트랜스퍼 결과

CHAPTER 9

오토인코더

9.1 소개 및 학습 원리

이번 장에서 소개할 **오토인코더**^{autoencoder}는 아이디어는 단순하지만 상당히 유용한 신경망의 한 형태입니다. 오토인코더는 이름에서도 어느 정도 알 수 있듯, 데이터에 대한 효율적인 압축을 신경망을 통해 자동으로 학습하는 모델입니다.

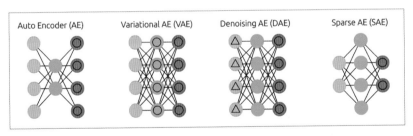

다양한 형태의 오토인코더(*http://www.asimovinstitute.org/neural-network-zoo*)

오토인코더는 일반적으로 입력 데이터 자체가 라벨로 사용되기 때문에 비지도 학습에 속합니다. 그리고 보통 입력 데이터의 차원보다 낮은 차원으로 압축하기 때문에 효율적인 인코딩^{efficient data encoding}, 특성 학습^{feature learning}, 표현 학습

representation learning의 범주에 속하기도 하고 차원 축소dimensionality reduction의 한 방법이기도 합니다. 오토인코더는 기본 형태와 함께 다양한 변형된 형태가 있는데, 가장 기본이 되는 형태를 살펴보며 원리를 알아보겠습니다. 기본 오토인코더의 형태는 다음과 같습니다.

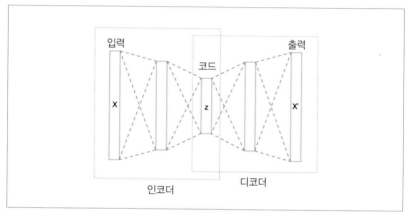

기본적인 오토인코더 형태(Chervinskii, CC BY-SA 4.0)

그림을 보면 왼쪽에서 입력 X가 들어와 신경망을 통해 잠재 변수latent variable z가 됩니다. 입력과 출력 외에 모든 중간 값들이 직접 보고 이해하기는 어렵기 때문에, 그림의 z와 같이 가장 압축된 변수를 잠재 변수로 지칭합니다. 잠재 변수라는 표현 외에도 잠재 표현, 잠재 벡터(벡터의 형태일 때), 또는 코드code라고도 부릅니다. 이렇게 압축된 z는 다시 신경망을 통과해 출력 X'가 됩니다.

모델을 학습시키려면 손실이 정의가 되어야 하는데, 오토인코더에서는 어떻게 손실을 정의할까요? 오토인코더의 목적이 압축이기 때문에 입력값 X 자체가 목푯값이 되게 하면 됩니다. 즉, 출력값 X'와 입력값 X 간의 차이를 통해 손실이 계산되게 되는 겁니다. 예를 들어 3장에서 배운 L1 손실을 사용한다면 수식은 다음과 같습니다.

$$L(x, x') = \sum_{i=1}^{n} \left| x_i - x_i' \right|$$

이 식은 이미지로 예로 들면 X와 X′에서 같은 위치에 있는 픽셀 간의 절댓값 차이를 다 더한 값이라고 할 수 있습니다.

예시 코드를 한번 살펴보겠습니다. 먼저 신경망 모델 부분입니다. MNIST 데이터를 사용한다고 했을 때, self.encoder가 데이터를 길이 20짜리 벡터로 압축하는 부분에 해당하고 self.decoder는 압축된 벡터를 다시 원래 데이터 크기로 돌려놓는 신경망입니다. forward 함수에 있는 view 함수는 텐서의 형태를 바꿔주는 함수로, 여기서는 [batch_size, 1, 28, 28] 형태의 텐서를 [batch_size, 784]로 바꿔주는 역할입니다. 인수의 −1은 텐서를 모두 해당 차원으로 몰아넣겠다는 의미입니다. 입력 이미지가 들어오면 Linear 함수의 연산 조건에 맞게 형태를 바꿔 압축했다가 풀어서 나온 텐서를 원래 입력 이미지의 형태로 돌려놓는 것이 forward 함수에서 하는 일이라고 보면 됩니다.

```python
class Autoencoder(nn.Module):
    def __init__(self):
        super(Autoencoder,self).__init__()
        self.encoder = nn.Linear(28*28,20)
        self.decoder = nn.Linear(20,28*28)

    def forward(self,x):
        x = x.view(batch_size,-1)
        encoded = self.encoder(x)
        out = self.decoder(encoded).view(batch_size,1,28,28)
        return out
```

그다음에는 손실 함수와 최적화 함수를 정의하고 데이터 로더에서 입력값을 불러옵니다. 이 입력값을 모델에 넣어주면 압축되었다가 다시 풀린 결과가 나오게 되고 이 출력과 입력 간의 차이로 모델의 가중치를 업데이트합니다(예제 전체 코드는 코랩 파일을 참고합니다).

```
model = Autoencoder()
loss_func = nn.MSELoss()
optimizer = torch.optim.Adam(model.parameters(), lr=learning_rate)

for i in range(num_epoch):
    for j,[image,label] in enumerate(train_loader):
        optimizer.zero_grad()
        output = model.forward(image)
        loss = loss_func(output,image)
        loss.backward()
        optimizer.step()
```

일정 기간 학습을 한 다음 입력과 모델을 통과해 나온 결과를 시각화해보면 다음과 같은 식으로 나올 것입니다. 상단이 입력이고 하단이 결과입니다.

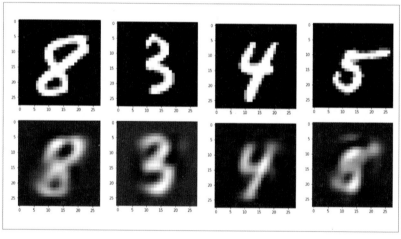

기본적인 오토인코더 결과

결과를 보면 어느 정도 손실이 발생한 것을 확인할 수 있습니다. 손실이 0에 가깝게 하려면 어떤 부분을 개선해야 할까요? 잠재 벡터의 크기가 작아서일 수도 있고, 현재 네트워크가 충분히 깊지 않거나 활성화 함수가 없어서일 수도 있습니다. 하지만 그 전에 데이터의 측면에서 생각해보면, 이미지 데이터를 압축했다가 풀고 있는 것이기 때문에 그냥 신경망이 아닌 합성곱 신경망을 적용해보면 좋을 것 같습니다.

9.2 합성곱 오토인코더

합성곱 연산을 오토인코더에 적용하려면 어떻게 해야 할까요? 우선 압축하는 인코더 부분만 보면 기존에 사용하던 분류 모델에서 특성을 뽑아내는 부분만 써도 문제가 없습니다. 문제는 디코더 부분인데 이 부분을 인코더와 대칭되게 만들려면 어떻게 해야 할까요? 이러한 연산을 **전치 합성곱**transposed convolution 혹은 **역합성곱**deconvolution이라고 하며, 예시를 그림으로 보면 다음과 같습니다.

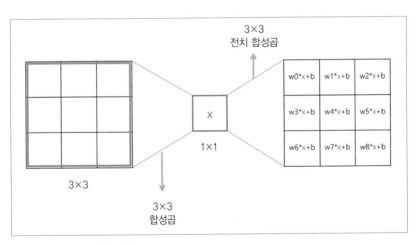

전치 합성곱 연산의 간단한 예시

합성곱 연산이 입력값에 필터의 가중치를 각각 곱한 결과의 합을 통해 계산되었다면 전치 합성곱 연산은 하나의 입력값을 받아 여기에 서로 다른 가중치를 곱해 필터의 크기만큼 입력값을 '퍼뜨리는' 역할을 합니다. 예를 들어 그림처럼 3×3 전치 합성곱 연산을 1×1 입력에 대해 연산하면 결과는 오른쪽처럼 각 가중치와 입력이 곱해지고 편차가 더해진 값으로 나오게 됩니다. 합성곱 연산과 가장 다른 점은 가중치가 입력과 곱해지는 방식이라고 할 수 있습니다.

이번에는 파이토치에서 전치 합성곱 연산이 어떻게 동작하는지 예시와 함께 보겠습니다. 파이토치에서는 이미지 데이터에 대해 nn.ConvTranspose2d 함수를 사용해 전치 합성곱 연산을 합니다. 간단한 예시 입력과 출력를 보고 각각의 인수의 역할을 살펴보겠습니다. 먼저 3×3 크기의 입력값을 만들어줍니다. 편의상 모든 값은 1로 초기화하고 전치 합성곱 함수는 다음과 같이 설정합니다.

```
nn.ConvTranspose2d(in_channels=1, out_channels=1, kernel_size=3, stride=1, padding=0,
                   output_padding=0, bias=False)
```

이 함수를 1로 이루어진 3×3 데이터에 적용할 텐데 편의를 위해 필터 값도 1로 초기화하고 편차는 무시하겠습니다. 먼저 첫 번째 칸에 대한 연산을 하면 방금 배운 것과 같이 하나의 입력에 대해서 커널 사이즈만큼의 결과가 생성됩니다.

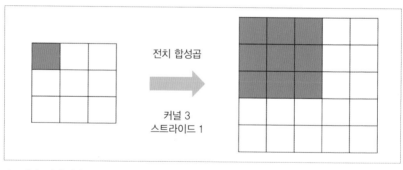

전치 합성곱

커널 3
스트라이드 1

스트라이드가 추가된 전치합성곱 연산 과정

그리고 스트라이드(stride)가 1이기 때문에 다음 칸에 대한 연산 결과는 한 칸 이동한 위치에 찍히게 됩니다.

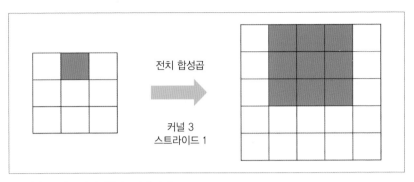

스트라이드가 추가된 전치합성곱 연산 과정 2

이런 식으로 계속하다 보면 결괏값은 다음과 같아집니다. 1은 한 번 연산이 있었던 부분, 2는 두 번 연산한 부분을 의미합니다. 여러 번 연산이 중복된 부분은 가운데 9처럼 값이 커집니다.

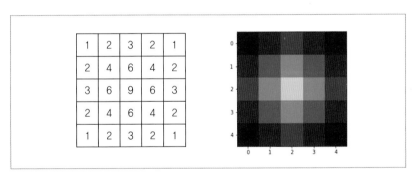

스트라이드가 1일 때 연산 결과

stride를 2로 늘리면 어떻게 될까요? 실험해보면 결과는 다음과 같은데, 스트라이드의 개념을 생각하면 납득이 될 거라 생각합니다. 이번에도 역시 겹치는 부분은 1보다 큰 값이 나왔습니다.

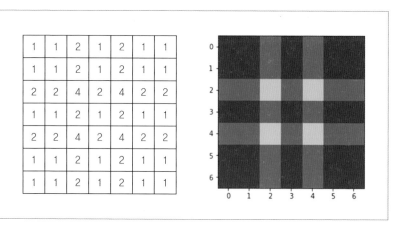

스트라이드가 2일 때 연산 결과

지금까지 결과는 패딩(padding)이 0이었습니다. 이번엔 여기에 padding=1 인 수를 추가로 지정하겠습니다. 합성곱 연산에서 패딩을 주면 입력값 둘레에 값을 추가하는 역할을 했지만, 전치 합성곱에서는 반대로 패딩은 결괏값에서 제일 바깥 둘레를 빼주는 역할을 합니다. 연산 결과를 보면 다음과 같습니다. 바로 직전 연산 결과와 비교하면 이전의 연산 결과에서 테두리 한 겹만 사라진 것을 알 수 있습니다.

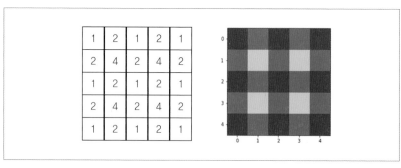

스트라이드 2, 패딩 1일 때 연산 결과

마지막으로 여기에 아웃풋패딩(output_padding)을 추가한 결과를 보겠습니다. 이는 결과로 나오는 텐서의 크기를 맞추기 위해 있는 인수입니다. 입력이 3×3이었고 전치 합성곱 연산을 통해 이를 2배인 6×6으로 늘리고 싶다면 stride=2, padding=1에다 output_padding=1을 추가하면 됩니다. 이는 결과에 패딩을 더한다는 뜻으로 padding 인수로 잘리는 부분을 줄여주는 역할을 합니다. 즉, 원래 7×7인 텐서는 padding 인수로 5×5로 줄어들게 될 텐데 output_padding=1은 6×6으로만 줄어들게 해줍니다.

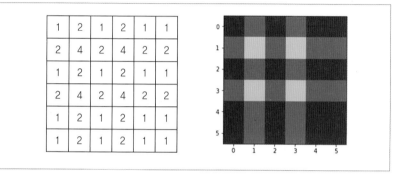

스트라이드 2, 패딩 1, 아웃풋패딩 1일 때 연산 결과

그렇다면 padding 없이 output_padding만 주게 되면 결과는 어떻게 될까요? padding으로 줄어든 부분이 없기 때문에 이때에는 다음과 같이 테두리를 0으로 채우는 결과가 됩니다.

1	1	2	1	2	1	1	0
1	1	2	1	2	1	1	0
2	2	4	2	4	2	2	0
1	1	2	1	2	1	1	0
2	2	4	2	4	2	2	0
1	1	2	1	2	1	1	0
1	1	2	1	2	1	1	0
0	0	0	0	0	0	0	0

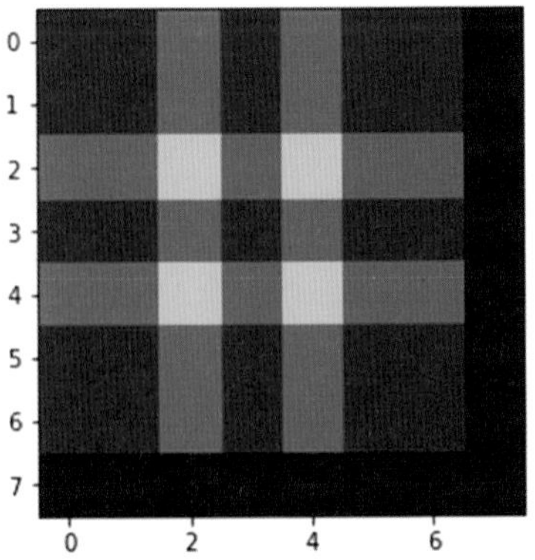

스트라이드 2, 패딩 0, 아웃풋패딩 1일 때 연산 결과

보통 입력 이미지에서 특성을 뽑아내고 크기를 줄일 때 1/2로 많이 줄이기 때문에, 전치 합성곱 연산을 할 때도 결과 텐서의 가로세로가 입력의 2배가 되도록 설정하는 편입니다. 그림만 보고 눈치챈 독자도 있겠지만 전치 합성곱 연산에서 `stride=2` 이상을 사용하면 앞의 그림과 같이 여러 번 겹치는 부분만 더 높은 값이 나오게 되어 체커보드 형태의 아티팩트artifact가 생기게 됩니다. 이런 문제를 해결하기 위해 전치 합성곱 연산 대신 과거에 많이 사용되던 쌍선형bilinear이나 최근접nearest neighbor 등의 업샘플링 연산을 낮은 해상도 이미지에 먼저 적용한 후, 여기에 `stride=1` 합성곱 연산을 적용해 이 아티팩트를 줄이기도 합니다.

전치 합성곱 사용.
체커보드 아티팩트가 생김

리사이즈 합성곱 사용.
체커보드 아티팩트가
생기지 않음

전치 합성곱 연산으로 생성되는 아티팩트(*https://distill.pub/2016/deconv-checkerboard*)

이제 전치 합성곱도 배웠으니 합성곱 오토인코더의 코드를 살펴보겠습니다. 다른 부분은 제외하고 모델 부분만 보겠습니다.

```python
class Encoder(nn.Module):
    def __init__(self):
        super(Encoder,self).__init__()
        self.layer1 = nn.Sequential(
                nn.Conv2d(1,16,3,padding=1),    # batch x 16 x 28 x 28
                nn.ReLU(),
                nn.BatchNorm2d(16),
                nn.Conv2d(16,32,3,padding=1),   # batch x 32 x 28 x 28
                nn.ReLU(),
                nn.BatchNorm2d(32),
                nn.Conv2d(32,64,3,padding=1),   # batch x 64 x 28 x 28
                nn.ReLU(),
                nn.BatchNorm2d(64),
                nn.MaxPool2d(2,2)    # batch x 64 x 14 x 14
        )
        self.layer2 = nn.Sequential(
                nn.Conv2d(64,128,3,padding=1),  # batch x 128 x 14 x 14
                nn.ReLU(),
                nn.BatchNorm2d(128),
                nn.MaxPool2d(2,2),
                nn.Conv2d(128,256,3,padding=1), # batch x 256 x 7 x 7
```

```
                    nn.ReLU()
        )

    def forward(self,x):
        out = self.layer1(x)
        out = self.layer2(out)
        out = out.view(batch_size, -1)
        return out
```

먼저 인코더 부분을 보면 분류 모델을 만들 때와 같이 몇 번의 합성곱 연산을 한
이후에 맥스 풀링으로 특성 지도를 감소시키는 과정을 가지고 있습니다.

```
class Decoder(nn.Module):
    def __init__(self):
        super(Decoder,self).__init__()
        self.layer1 = nn.Sequential(
                        nn.ConvTranspose2d(256,128,3,2,1,1), # batch x 128 x 14 x 14
                        nn.ReLU(),
                        nn.BatchNorm2d(128),
                        nn.ConvTranspose2d(128,64,3,1,1), # batch x 64 x 14 x 14
                        nn.ReLU(),
                        nn.BatchNorm2d(64)
        )
        self.layer2 = nn.Sequential(
                        nn.ConvTranspose2d(64,16,3,1,1), # batch x 16 x 14 x 14
                        nn.ReLU(),
                        nn.BatchNorm2d(16),
                        nn.ConvTranspose2d(16,1,3,2,1,1), # batch x 1 x 28 x 28
                        nn.ReLU()
        )

    def forward(self,x):
        out = x.view(batch_size,256,7,7)
        out = self.layer1(out)
        out = self.layer2(out)
        return out
```

다음은 디코더 부분입니다. 앞서 전치 합성곱 연산 예시에서 보았듯이 커널 크기를 3으로 하고 stride=2, padding=1, output_padding=1로 연산을 하면 특성 지도의 크기가 두배로 늘어나는 것을 이용해서, 디코더를 통과하면 원래 데이터의 크기로 돌아가도록 만들어줍니다. 그리고 이번에는 인코더와 디코더를 두 개 클래스로 각각 만들었는데 이 두 클래스의 인스턴스의 변수를 한 번에 업데이트하기 위해서 두 인스턴스의 변수를 리스트로 만들어 합칩니다. 이 부분의 코드는 다음과 같습니다. parameters() 함수는 제너레이터를 리턴하도록 되어 있기 때문에 이를 list로 변환해서 붙여줍니다.

```
parameters = list(encoder.parameters())+ list(decoder.parameters())
optimizer = torch.optim.Adam(parameters, lr=learning_rate)
```

모델을 학습시킨 결과를 보면 다음과 같습니다. 상단이 입력 이미지, 하단이 압축되었다 풀린 이미지입니다. 이전의 기본 오토인코더보다 더 잘 복원한 것을 확인할 수 있습니다.

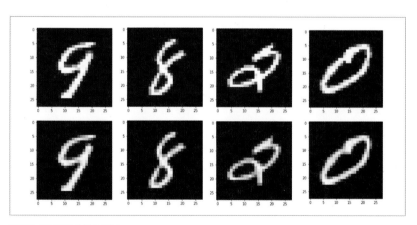

합성곱 오토인코더 학습 결과

입력으로 들어오는 이미지에 특정 노이즈를 추가한 손상된 데이터를 넣어서, 노이즈를 제거하는 것도 가능합니다. 예를 들어 가우시안 노이즈를 데이터에 추가하고 모델을 통과한 결괏값이 노이즈 없는 깨끗한 데이터로 복원될 수 있다면, 그냥 압축하는 모델이 아니라 노이즈도 제거하는 모델 또한 만들 수 있습니다. 이러한 실험은 기존 코드에 다음과 같이 몇 줄만 추가해 노이즈를 더한 후 학습하면 됩니다.

```
noise = init.normal_(torch.FloatTensor(batch_size,1,28,28),0,0.1)
noise_image = image + noise
```

결과는 다음과 같습니다.

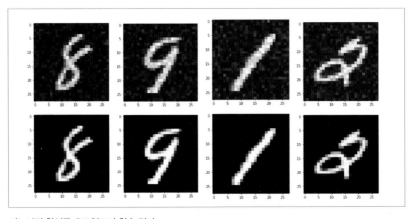

디노이징 합성곱 오토인코더 학습 결과

최근에는 반드시 깨끗한 데이터를 가지고 있지 않더라도 데이터에 들어간 노이즈의 특성을 알고 있다는 가정하에 손상된 데이터만으로 깨끗한 데이터를 복원해내는 논문이 엔비디아에서 나오기도 했습니다(*https://news.developer.nvidia.com/ai-can-now-fix-your-grainy-photos-by-only-looking-at-grainy-photos*).

9.3 시맨틱 세그멘테이션

오토인코더는 기본 형태가 단순하기 때문에 연구자들은 이를 다양한 방식으로 변형하거나 개선하여 사용하고 있습니다. 잠재 변수가 어떻게 분포하는지, 잠재 변수 중 어떤 값이 바뀌면 결과가 얼마나 바뀌는지 알 수 없기 때문에 잠재 변수 공간을 친숙한 정규분포 공간으로 강제로 맞춰주는 변분 오토인코더variational autoencoder (VAE) 같은 방법도 있습니다. 하지만 이를 이해하기 위해서는 변분 추론variational inference이나 확률 및 선형대수에 대한 지식이 요구되기 때문에 책에서는 다루지 않겠습니다. 대신 좀 더 직관적인 이해가 가능한, 이미지 간 이전translation 모델을 활용한 **시맨틱 세그멘테이션**semantic segmentation 사례를 간단히만 살펴보겠습니다. 시맨틱 세그멘테이션은 단어 뜻만 보면 의미에 맞게 분할한다는 정도의 의미입니다.

우선은 그림으로 예시를 보겠습니다. 항공사진을 입력으로 받아서 지도 이미지로 만드는 예시입니다. 첫 번째 이미지가 입력으로 들어가는 이미지, 두 번째가 이전된 결과, 세 번째가 목표 이미지입니다. 항공사진에는 많은 정보가 존재하는데 여기서 얻은 정보들을 추상화해서 지도화하는 과정을 모델링한 것이라고 보면 됩니다.

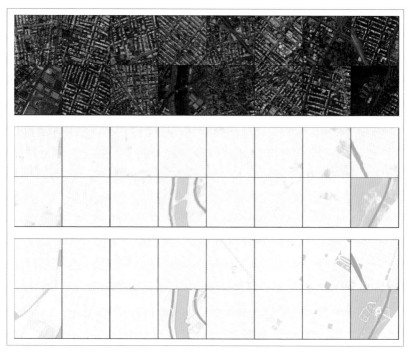

이미지 간 이전 모델 예시

항공사진을 지도화하는 과정에는 일정한 규칙이 존재합니다. 도로는 일정 넓이를 가진 흰색 선으로 표현되고 숲은 연두색, 물은 하늘색으로 표현됩니다. 또한 빌딩들도 직사각형의 형태로 표현되기 때문에, 모델은 그 규칙을 배운다고도 할 수 있습니다. 그렇다면 어떤 형태의 모델이 이런 작업을 수행하기에 적합할까요?

대표적인 모델로는 2015년에 나온 **U-Net**이라는 모델이 있습니다. 이 모델은 생체 데이터 이미지에서 세그멘테이션 작업을 수행하기 위해 만들어졌습니다. 예를 들어 세포 단면을 찍은 사진에서 세포 내부에서 구분하고 싶은 부분들의 위치를 분할하기 위해 사용됩니다. 논문에 실린 결과를 보면 다음과 같습니다. 세포 간의 경계선을 구분하기 위해 모델을 사용했습니다.

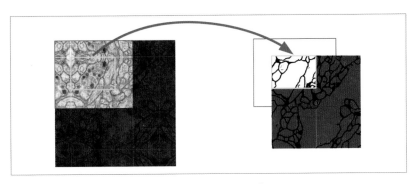

U-Net 논문의 결과 이미지(*https://arxiv.org/pdf/1505.04597*)

입력으로 왼쪽의 이미지가 들어가고 출력으로 오른쪽의 분할된 이미지가 나오게 됩니다. 좀 더 엄밀하게 말하면 입력 이미지는 채널이 하나인 흑백 이미지이고 모델의 결과로 나오는 텐서는 채널이 2개인 텐서입니다. 각각의 채널은 해당 픽셀이 세포의 경계선에 해당하는지 아니면 세포의 경계선이 아닌지에 대한 수치라고 볼 수 있습니다. 예를 들어 결괏값이 가로 256, 세로 256이라면 그중 가운데 위치인 [128, 128]은 2개의 채널로 이루어져 있을 것입니다. 그 값이 [0.7, −0.2]이라면 첫 번째 채널이 경계선이라고 가정하면 이 값을 소프트맥스 연산을 통해 총합이 1인 벡터로 바꿀 수 있습니다. 그러면 이 벡터에서 값이 더 큰 인덱스의 값이 해당 픽셀의 클래스가 되게 됩니다. 첫 번째 채널이 더 크면 세포의 경계선, 두 번째 채널이 더 크면 세포의 내부라고 판단을 내리는 것입니다.

모델의 세부적인 형태는 다음 그림과 같습니다.

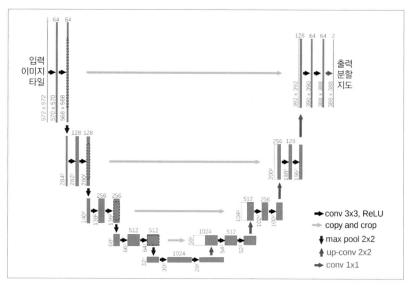

U-Net 아키텍처

전체적으로 합성곱 오토인코더의 형태를 따르고 있는 걸 알 수 있으나 기존의 오토인코더 모델과 다른 점은 회색 화살표로 표시된 copy and crop 연산이라고 할 수 있습니다. 이런 방식을 스킵 커넥션skip-connection이라고 하는데 앞에서 배운 ResNet 모델에서는 이를 텐서 간의 합으로 사용했고, U-Net에서는 합 대신 텐서 간의 연결concatenation로 사용했습니다. 여기서 연결이란 이미지의 채널 차원으로 붙이는 연산을 의미합니다.

오토인코더에서는 입력 이미지가 압축되다 보면 위치 정보가 어느 정도 손실되게 됩니다. 그렇게 되면 다시 원본 이미지 크기로 복원하는 과정에서 정보의 부족 때문에 원래 물체가 있었던 위치에서 어느 정도 이동이 일어나게 됩니다. 이런 복원 과정에 스킵 커넥션을 사용하게 되면 원본 이미지의 위치 정보를 추가적으로 전달받는 셈이 되므로 비교적으로 정확한 위치를 복원할 수 있게 되고 따라서 분할 결과도 더 좋아지게 됩니다.

작업에 따라서 들어오는 채널 수가 최종 결과의 채널 수와 달라질 수도 있지만, 컬러 이미지에서 컬러 이미지로의 이전이면 3개의 채널이 들어와서 3개의 채널이 나가는 형태가 됩니다. 이때 손실 함수는 주로 결괏값과 목푯값 간의 L1, L2 손실로 정의됩니다. 컬러 이미지가 들어와서 k개의 클래스로 구분되는 작업의 경우에는 3개의 채널이 들어와서 k개의 채널이 나가게 됩니다. 이때 손실 함수는 하나의 픽셀이 어떤 클래스에 속하는지 구분하는 것과 같기 때문에 교차 엔트로피 손실을 사용하게 됩니다.

U-Net 모델은 클래스를 구현하는 것까지만 살펴보겠습니다. 모든 연산 레이어들을 하나의 클래스에 다 구현할 수도 있지만, 이 모델에는 반복되는 부분이 많습니다. 예를 들어 합성곱 연산이 2번 연속 일어나는 부분이 모델에서 9번 반복됩니다. 그리고 이런 합성곱 연산에는 합성곱 연산과 활성화 함수가 항상 붙어 있기 때문에 이런 것을 하나로 묶어주면 모델을 깔끔하게 짜는 데 도움이 될 것 같습니다.

그래서 다음과 같이 합성곱, 배치 정규화, 활성화 함수를 묶어서 합성곱 블록을 만들고, 전치 합성곱 역시 같은 방식으로 만들었습니다. 맥스 풀링 역시 설정이 하나이기 때문에 아예 연산 이름을 간단하게 설정했습니다. 합성곱 연산을 2번 연속해서 수행하는 블록 또한 만들어뒀습니다.

```python
def conv_block(in_dim,out_dim,act_fn):
    model = nn.Sequential(
        nn.Conv2d(in_dim,out_dim, kernel_size=3, stride=1, padding=1),
        nn.BatchNorm2d(out_dim),
        act_fn,
    )
    return model

def conv_trans_block(in_dim,out_dim,act_fn):
    model = nn.Sequential(
        nn.ConvTranspose2d(in_dim,out_dim, kernel_size=3, stride=2,
```

```
    padding=1,output_padding=1),
        nn.BatchNorm2d(out_dim),
        act_fn,
    )
    return model


def maxpool():
    pool = nn.MaxPool2d(kernel_size=2, stride=2, padding=0)
    return pool


def conv_block_2(in_dim,out_dim,act_fn):
    model = nn.Sequential(
        conv_block(in_dim,out_dim,act_fn),
        nn.Conv2d(out_dim,out_dim, kernel_size=3, stride=1, padding=1),
        nn.BatchNorm2d(out_dim),
    )
    return model
```

이 블록들을 사용해서 U-Net 모델의 클래스를 작성하면 다음과 같습니다. `in_dim`은 들어오는 채널의 수, `out_dim`은 최종 결괏값의 채널 수, `num_filter`는 합성곱 연산에서 사용하는 필터의 수입니다.

```
class UnetGenerator(nn.Module):
    def __init__(self,in_dim,out_dim,num_filter):
        super(UnetGenerator,self).__init__()
        self.in_dim = in_dim
        self.out_dim = out_dim
        self.num_filter = num_filter
        act_fn = nn.LeakyReLU(0.2, inplace=True)

        print("\n-----Initiating U-Net------\n")

        self.down_1 = conv_block_2(self.in_dim,self.num_filter,act_fn)
        self.pool_1 = maxpool()
        self.down_2 = conv_block_2(self.num_filter*1,self.num_filter*2,act_fn)
        self.pool_2 = maxpool()
        self.down_3 = conv_block_2(self.num_filter*2,self.num_filter*4,act_fn)
```

```python
        self.pool_3 = maxpool()
        self.down_4 = conv_block_2(self.num_filter*4,self.num_filter*8,act_fn)
        self.pool_4 = maxpool()

        self.bridge = conv_block_2(self.num_filter*8,self.num_filter*16,act_fn)

        self.trans_1 = conv_trans_block(self.num_filter*16,self.num_filter*8,act_fn)
        self.up_1 = conv_block_2(self.num_filter*16,self.num_filter*8,act_fn)
        self.trans_2 = conv_trans_block(self.num_filter*8,self.num_filter*4,act_fn)
        self.up_2 = conv_block_2(self.num_filter*8,self.num_filter*4,act_fn)
        self.trans_3 = conv_trans_block(self.num_filter*4,self.num_filter*2,act_fn)
        self.up_3 = conv_block_2(self.num_filter*4,self.num_filter*2,act_fn)
        self.trans_4 = conv_trans_block(self.num_filter*2,self.num_filter*1,act_fn)
        self.up_4 = conv_block_2(self.num_filter*2,self.num_filter*1,act_fn)

        self.out = nn.Sequential(
            nn.Conv2d(self.num_filter,self.out_dim,3,1,1),
            nn.Tanh(),   #필수는 아님
        )

    def forward(self,input):
        down_1 = self.down_1(input)
        pool_1 = self.pool_1(down_1)
        down_2 = self.down_2(pool_1)
        pool_2 = self.pool_2(down_2)
        down_3 = self.down_3(pool_2)
        pool_3 = self.pool_3(down_3)
        down_4 = self.down_4(pool_3)
        pool_4 = self.pool_4(down_4)

        bridge = self.bridge(pool_4)

        trans_1 = self.trans_1(bridge)
        concat_1 = torch.cat([trans_1,down_4],dim=1)
        up_1 = self.up_1(concat_1)
        trans_2 = self.trans_2(up_1)
        concat_2 = torch.cat([trans_2,down_3],dim=1)
        up_2 = self.up_2(concat_2)
        trans_3 = self.trans_3(up_2)
```

```
concat_3 = torch.cat([trans_3,down_2],dim=1)
up_3 = self.up_3(concat_3)
trans_4 = self.trans_4(up_3)
concat_4 = torch.cat([trans_4,down_1],dim=1)
up_4 = self.up_4(concat_4)
out = self.out(up_4)
return out
```

forward 함수 부분을 보면 압축하는 동안에는 그냥 연산들을 쭉 따라서 하고, 압축을 풀어주는 부분에서는 텐서들을 붙여주는 연결 연산을 하는 것을 확인할 수 있습니다. 연결 연산은 파이토치에서 torch.cat으로 구현되어 있습니다. 인수로는 붙일 텐서들과 붙이는 데 기준이 되는 차원을 받습니다.

이 U-Net은 사실 세그멘테이션 모델이나 이미지 간 이전 모델에서 가장 기본이 되는 형태이고, 합성곱 연산에 ResNet의 스킵 커넥션을 추가한 FusionNet 같은 모델도 있습니다. 1/32로 해상도를 압축하는 U-Net과 달리, 원본 입력의 해상도를 1/4 정도로만 압축하는 모델들도 있습니다.

CHAPTER 10

생성적 적대 신경망

10.1 소개 및 학습 원리

생성적 적대 신경망generative adversarial network(GAN)은 2014년에 처음 소개된 학습 방식입니다. 심층 신경망 모델들의 발전에 힘입어 GAN 모델들에 대한 다양한 연구가 짧은 시간 안에 진행되었고 흥미로운 결과와 가능성이 발견되었습니다. 이러한 아이디어에 대해 합성곱 신경망을 만든 얀 르쿤 교수는 최근 들어 가장 흥미로운 아이디어라고 말하기도 했습니다.

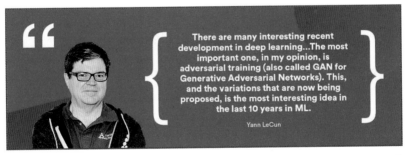

There are many interesting recent development in deep learning...The most important one, in my opinion, is adversarial training (also called GAN for Generative Adversarial Networks). This, and the variations that are now being proposed, is the most interesting idea in the last 10 years in ML.

Yann LeCun

얀 르쿤의 생성적 적대 신경망에 대한 언급(*https://www.import.io/post/history-of-deep-learning*)

과연 GAN의 어떤 특성이 그렇게 대단한 것일까요? GAN의 약자를 하나씩 풀어서 알아보겠습니다.

generative adversarial network

첫 번째 단어는 generative(생성적)입니다. 여기서 말하는 생성은 기존의 분류 모델들과 비교하면 이해하기 쉽습니다. 분류 모델들이 하던 역할은 데이터에서 특성들을 뽑아내고 이를 통해 데이터를 구분하는 것이었습니다. 어떻게 보면 수동적이라고도 할 수 있겠습니다. 이에 비해 생성 모델들은 데이터 자체를 생성해냅니다. 사람들이 강아지 하면 떠올리는 어떤 이미지가 있듯이 모델이 특정 이미지를 생성하는 것이라고 보면 됩니다. 이를 텍스트에 적용하면 임의의 문장을 생성해내는 일도 할 수 있습니다. 생성 모델은 데이터 자체를 만들어내기 때문에 특성을 뽑아내는 모델보다 더 어려운 작업을 수행하는 것이고 따라서 학습도 좀 더 어렵습니다. 이러한 생성 모델의 대표적인 사례가 바로 GAN과 변분 오토인코더(9.3절에서 이름만 언급했습니다)입니다.

두 번째 단어는 adversarial(적대적)입니다. 적대란 대립하거나 상반되는 관계를 뜻하죠. GAN에서는 생성 네트워크와 구분 네트워크 간의 상반되는 목적 함수$^{objective function}$로 인해 적대성이 생기게 됩니다. 많이 드는 예시로 위조지폐를 만드는 사람(생성 네트워크)과 위조지폐 감별사(구분 네트워크)가 있습니다. 생성자가 처음에 만든 지폐는 쉽게 감별이 되겠지만 감별사를 속이는 것을 목표로 계속 학습하고 생성하다 보면 점점 감별사가 구분하기 어려운 수준까지 생성이 가능해집니다. 이때 위조지폐 생성자는 자신이 생성한 지폐가 진짜로 판별되기 원하고, 감별사는 가짜 지폐를 가짜로 판별하는 것을 목표로 하기 때문에 여기에서 적대성이 생깁니다.

세 번째 단어는 network(네트워크)입니다. 여기서 말하는 네트워크는 우리가 딥러닝에서 흔히 사용하는 의미대로, 신경망의 형태를 가진 다양한 네트워크를 의미합니다. GAN에서도 물론 생성자와 구분자의 구조가 인공 신경망의 형태를 이룹니다.

단순한 GAN 모델을 추상화해서 그려보면 다음 그림과 같습니다. **생성자**generator는 어떠한 입력 z를 받아서 가짜fake 데이터를 생성합니다. **구분자**discriminator는 실제 데이터와 가짜 데이터를 받아서 각각이 실제real인지 아닌지 구분하게 됩니다.

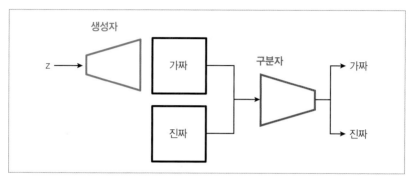

단순화한 생성적 적대 신경망의 형태

MNIST 데이터셋을 예로 들어 좀 더 자세하게 설명해보겠습니다. MNIST 데이터는 28×28 크기에 1개의 채널을 가지는 이미지 데이터입니다. 파이토치에서 사용하는 채널, 가로, 세로 순서로는 [1, 28, 28] 형태입니다.

먼저 생성자는 노이즈를 z로 받습니다. 특별한 조건 없이 이미지를 생성해야 하기 때문에 랜덤한 노이즈를 사용한다고 보면 되며, 표준정규분포($N(0, 1)$)를 따르는 데이터면 충분합니다. z 벡터의 길이는 생성하는 데이터의 종류마다 다르지만 MNIST의 경우는 50 정도면 충분하다고 알려져 있습니다. 이러한 z가 입력으로 들어오면 생성자는 신경망이나 합성곱 신경망(그림에는 'NN 또는 CNN'이라고 표시)을 통해서 MNIST 데이터와 같은 형태의 데이터를 생성해냅니다. 여기서 은닉층의 개수나 합성곱 필터의 크기 등은 하이퍼파라미터입니다.

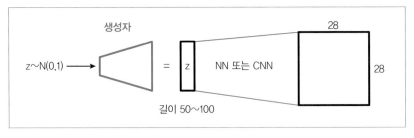

MNIST 생성자 네트워크

구분자는 MNIST 형태의 데이터를 입력으로 받아서 하나의 결괏값을 내는 네트워크입니다. 구분자에는 실제 데이터가 들어가기도 하고 생성자에서 만들어진 데이터가 들어가기도 합니다. 당연히 구분자는 실제 데이터가 들어오면 실제라고 구분해야 하고 가짜 데이터가 들어오면 가짜라고 구분을 해야 합니다. 실제로 학습할 때 구분자의 결괏값은 하나의 수치이기 때문에 라벨 역시 수치를 사용하는데 보통 실제 데이터에 대한 라벨은 1, 가짜 데이터의 라벨은 0을 사용합니다. 예를 들어 어떤 데이터가 구분자에 들어가서 0.9라는 값이 나오면 진짜 데이터에 가깝다는 의미를 가집니다. 구분자의 입장에서 실제 데이터는 1에, 가짜 데이터는 0에 가깝게 나오도록 학습되지만, 생성자 입장에서는 생성한 가짜 데이터가 1에 가깝게 나오는 것이 목표이기 때문에 가짜 데이터의 구분에 대해서 서로 경쟁을 하게 됩니다.

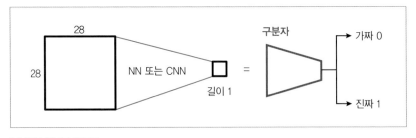

MNIST 구분자 네트워크

지금까지 GAN의 추상적인 컨셉에 대해 알아보았습니다. 이번에는 좀 더 엄밀하게 목적 함수를 수식으로 살펴보겠습니다. G는 생성자, D는 구분자, x는 데이터, z는 랜덤 노이즈, $x \sim P_{data}(x)$는 x를 $data$의 분포에서 샘플링한다는 것을 의미합니다.

$$\min_{G} \max_{D} V(D,G) = \mathbb{E}_{x \sim P_{data}(x)} \left[\log D(x) \right] + \mathbb{E}_{z \sim P_z(z)} \left[\log\left(1 - D\left(G(z)\right)\right) \right]$$

조금 어려워 보이나요? 더 쉽게 이해하기 위해서 G, D에 대해서 분리해서 보겠습니다. 먼저 D에 대해서만 보면 식은 다음과 같아집니다.

$$\max_{D} V(D,G) = \mathbb{E}_{x \sim P_{data}(x)} \left[\log D(x) \right] + \mathbb{E}_{z \sim P_z(z)} \left[\log\left(1 - D\left(G(z)\right)\right) \right]$$

구분자의 입장에서는 이 값을 최대화해야 하는데 그러려면 각 항의 기댓값이 커져야 합니다. 즉 각 항 내부에 로그로 이루어진 부분 $\log D(x)$와 $\log\left(1 - D(G(z))\right)$가 최대화되어야 합니다. $D(x)$의 결과가 0에서 1까지라는 가정과 로그의 성질을 생각해보면 이를 최대화하기 위해서는 $D(x)$는 1, $D(G(z))$는 0이 되어야 합니다. 앞의 설명과 연결해서 보면 구분자 입장에서 실제 데이터는 구분자를 통과했을 때 1, 생성된 가짜 데이터는 0으로 판단되어야 한다는 것과 일치합니다.

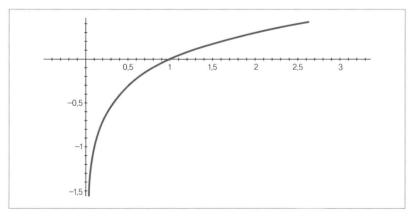

y = log(x) 그래프. x가 1일 때 0

이번에는 생성자의 입장에서 수식을 살펴보겠습니다.

$$\min_{G} V(D,G) = \mathbb{E}_{x \sim P_{data}(x)}\Big[\log D(x)\Big] + \mathbb{E}_{z \sim P_z(z)}\Big[\log\Big(1 - D\big(G(z)\big)\Big)\Big]$$

생성자의 입장에서 관여할 수 있는 부분은 수식의 뒷부분인 $\mathbb{E}_{z \sim P_z(z)}[\log\big(1 - D$ $\big(G(z)\big)\big]$ 입니다. 이 값을 최소화하려면 $1 - D\big(G(z)\big)$ 가 0이 되어야 하고 이는 $D\big(G(z)\big)$ 가 1이어야 한다는 것과 같습니다. 이 부분은 구분자의 목적과 정확히 반대이고 여기서 적대성이 발생하게 됩니다. 이 역시 앞의 설명과 연결해서보면 생성자 입장에서는 가짜 데이터가 $G(z)$는 구분자에 의해서 진짜라고 판명되어 결괏값이 1이 나와야 한다는 것과 일치합니다.

논문에는 구분자가 목적 함수를 달성한 최적의 상태일 때, 생성자의 목적 함수를 달성하는 것이 실제 데이터의 분포 $P_{data}(x)$와 생성된 데이터의 분포인 $P_g(x)$가 같아지게 만드는 것과 같다는 것이 증명되어 있습니다. 좀 더 자세히 말하면 구분자가 최적의 상태일 때, 생성자의 목적 함수는 두 분포의 옌센–섀넌 발산Jensen-Shannon divergence[1]을 최소화하는 것과 같아지는데 이에 대한 증명은 생략하겠습니다.

10.2 모델 구현 및 학습

앞서 배운 내용을 구현하기 전에 학습을 위해 필요한 몇 가지 사항만 정리하고 가겠습니다. 첫 번째는 손실 함수와 최적화에 관해서입니다. 지금까지 우리는 손실을 정의하고 이를 최소화하는 방식으로 모델을 학습했습니다. 이러한 형태를 유지하면서 GAN에서 목적 함수를 달성하려면 몇 가지 간단한 트릭이 필요

---

1 요한 옌센과 클로드 섀넌의 이름을 딴 용어입니다. *https://en.wikipedia.org/wiki/Jensen−Shannon_divergence*

합니다.

먼저 구분자의 목적 함수와 이를 손실 함수의 형태로 바꾸는 과정입니다.

$$\max_D V\left(D,G\right) = \mathbb{E}_{x \sim P_{data}(x)}\Big[\log D\left(x\right)\Big] + \mathbb{E}_{z \sim P_z(z)}\Big[\log\left(1 - D\left(G\left(z\right)\right)\right)\Big]$$

구분자에는 실제 데이터가 들어오는 경우와 생성된 데이터가 들어오는 경우 두 가지가 있고, 실제 데이터가 들어오는 경우는 수식에서 $\mathbb{E}_{x \sim P_{data}(x)}\Big[\log D\left(x\right)\Big]$ 에 해당합니다. 이를 최대화가 아닌 최소화하는 수식으로 바꾸기 위해 마이너스를 붙이면 다음과 같이 바뀌게 됩니다.

$$\min_D V\left(D,G\right) = -\mathbb{E}_{x \sim P_{data}(x)}\Big[\log D\left(x\right)\Big]$$

그러면 이 수식은 교차 엔트로피 수식과 같아지고 현재 가능한 카테고리의 종류는 진짜와 가짜 두 종류이기 때문에 파이토치의 이진 교차 엔트로피binary cross entropy 손실 함수 `torch.nn.BCELoss()`를 사용하면 됩니다. 이때 라벨로 넣는 값은 실제 데이터에 대한 라벨 1입니다. 생성된 가짜 데이터가 들어온 경우에 대해서도 같은 방식으로 계산할 수 있고 이때 사용되는 라벨은 가짜를 의미하는 0이 됩니다.

생성자의 경우도 살펴보겠습니다. 생성자는 노이즈 z를 받아서 가짜 데이터를 생성하고 이것이 진짜라고 구분되게 하는 것이 목적입니다. 수식은 다음과 같았습니다.

$$\min_G V\left(D,G\right) = \mathbb{E}_{z \sim P_z(z)}\Big[\log\left(1 - D\left(G\left(z\right)\right)\right)\Big]$$

하지만 이 역시 다음과 같이 바꾸는 것이 학습에 더 유리하다고 알려져 있습니다.

$$\max_G V\left(D,G\right) = \mathbb{E}_{z \sim P_z(z)}\Big[\log\left(D\left(G\left(z\right)\right)\right)\Big]$$

여기에도 마이너스를 붙여주면 교차 엔트로피 식과 같아지고 이때 사용되는 라벨은 진짜에 해당하는 1입니다.

이상을 이용하여 단순한 GAN 모델을 만들어보겠습니다. 데이터는 익숙한 MNIST를 사용하고 중복되는 부분은 제외하고 네트워크와 학습 부분 코드만 살펴보겠습니다.

먼저 랜덤 노이즈 z를 받아서 MNIST 데이터를 생성하는 생성자 코드를 보겠습니다. Linear 함수를 이용해 길이 50 정도의 벡터 z를 받아서 MNIST 데이터의 사이즈인 784로 늘리고 이를 데이터의 형태에 맞게 바꿔주는 게 생성자가 하는 일입니다.

```python
class Generator(nn.Module):
    def __init__(self):
        super(Generator,self).__init__()
        self.layer1 = nn.Sequential(OrderedDict([
                        ('fc1',nn.Linear(z_size,middle_size)),
                        ('bn1',nn.BatchNorm1d(middle_size)),
                        ('act1',nn.ReLU()),
        ]))
        self.layer2 = nn.Sequential(OrderedDict([
                        ('fc2', nn.Linear(middle_size,784)),
                        #('bn2', nn.BatchNorm2d(784)),
                        ('tanh', nn.Tanh()),
        ]))
    def forward(self,z):
        out = self.layer1(z)
        out = self.layer2(out)
        out = out.view(batch_size,1,28,28)
        return out
```

z는 [batch_size, 50]의 형태를 가지고 생성자를 통과해 [batch_size, 1, 28, 28]의 결과가 됩니다. OrderedDict 자료형은 순서를 기억하지 못하는 일반 딕

셔너리(**dict**)와 다르게 순서가 저장되는 딕셔너리입니다.[2] 이를 이용해 레이어 순서에 따라 이름을 지정했습니다.

이번엔 구분자를 살펴보겠습니다. MNIST 형태를 가진 데이터를 입력으로 받고 몇 개의 층을 통과시켜 하나의 수치를 내게 됩니다. 이 수치가 바로 그 데이터가 진짜인지 가짜인지 판단한 수치이고, 0에서 1의 값으로 만들기 위해 마지막 층에는 시그모이드 함수가 들어가 있습니다.

```python
class Discriminator(nn.Module):
    def __init__(self):
        super(Discriminator,self).__init__()
        self.layer1 = nn.Sequential(OrderedDict([
                        ('fc1',nn.Linear(784,middle_size)),
                        #('bn1',nn.BatchNorm1d(middle_size)),
                        ('act1',nn.LeakyReLU()),

        ]))
        self.layer2 = nn.Sequential(OrderedDict([
                        ('fc2', nn.Linear(middle_size,1)),
                        ('bn2', nn.BatchNorm1d(1)),
                        ('act2', nn.Sigmoid()),
        ]))

    def forward(self,x):
        out = x.view(batch_size, -1)
        out = self.layer1(out)
        out = self.layer2(out)
        return out
```

이제 생성자와 구분자를 인스턴스화합니다.

```python
generator = Generator()
discriminator = Discriminator()
```

---

2 파이썬 3.7부터는 일반 딕셔너리도 삽입 순서를 보존하긴 합니다.

이를 여러 개의 GPU에 올리려면 nn.DataParallel 클래스로 모듈을 감싸주면 되는데 인수로는 module, device_ids, output_device가 있습니다. 이 인스턴스들을 8 GPU에 올리려면 코드를 다음과 같이 바꿔주면 됩니다(device_ids에 아무 인수도 전달하지 않으면 사용 가능한 모든 GPU에 모듈이 올라가므로 생략해도 됩니다).

```
generator = nn.DataParallel(Generator(),device_ids= [0,1,2,3,4,5,6,7])
discriminator = nn.DataParallel (Discriminator(),device_ids= [0,1,2,3,4,5,6,7])
```

이번에는 손실 함수와 최적화 함수를 살펴보겠습니다. 앞서 언급했듯 처음 GAN은 이진 교차 엔트로피 손실 함수를 사용했지만, LSGAN[least squares GAN] 등에서는 L2 손실 함수를 사용하여 더 안정적인 학습을 달성했으므로, 이 책에서도 L2 손실 함수를 사용하겠습니다. 그리고 생성자와 구분자를 번갈아 가면서 학습하고 각각을 따로 학습시키기 때문에 각각의 최적화 함수(Adam)를 지정합니다. 손실을 계산할 때 필요한 라벨도 미리 생성해둡니다.

```
loss_func = nn.MSELoss()
gen_optim = torch.optim.Adam(generator.parameters(), lr=learning_rate,betas=(0.5,0.999))
dis_optim = torch.optim.Adam(discriminator.parameters(),
lr=learning_rate,betas=(0.5,0.999))

ones_label = torch.ones(batch_size,1)
zeros_label = torch.zeros(batch_size,1)
```

다음은 실제 학습을 수행하는 코드입니다. 크게 두 부분으로 나뉘는데 첫 번째 부분은 구분자의 학습이 일어나는 부분이고 두 번째 부분은 생성자의 학습이 일어나는 부분입니다.

```
for i in range(epoch):
    for j,(image,label) in enumerate(train_loader):
        # 구분자 학습
```

```
        dis_optim.zero_grad()

        z = init.normal_(torch.Tensor(batch_size,z_size),mean=0,std=0.1)
        gen_fake = generator.forward(z)
        dis_fake = discriminator.forward(gen_fake)

        dis_real = discriminator.forward(image)
        dis_loss = torch.sum(loss_func(dis_fake,zeros_label)) +
    torch.sum(loss_func(dis_real,ones_label))
        dis_loss.backward(retain_graph=True)
        dis_optim.step()

        # 생성자 학습
        gen_optim.zero_grad()

        z = init.normal_(torch.Tensor(batch_size,z_size),mean=0,std=0.1)
        gen_fake = generator.forward(z)
        dis_fake = discriminator.forward(gen_fake)

        gen_loss = torch.sum(loss_func(dis_fake,ones_label)) # fake classified as real
        gen_loss.backward()
        gen_optim.step()
```

구분자 학습 부분에서는 먼저 랜덤 노이즈 z를 샘플링합니다. 이렇게 샘플링한 z를 생성자에 전달하면 가짜 데이터가 생성됩니다. 이 가짜 데이터를 구분자에 넣어주면 어떤 값이 나오게 되는데 구분자의 입장에서는 이 가짜 데이터가 가짜라고 구분되어야 하기 때문에 0 라벨을 사용해서 손실을 계산합니다. 그다음에는 진짜 데이터를 구분자에 넣어줍니다. 여기서 나온 값은 진짜로 구분되어야하므로 1 라벨을 사용해 손실을 계산합니다. 이렇게 계산한 두 손실을 더해서 최종적인 구분자 손실을 구하고 이를 통해 모델을 업데이트합니다.

생성자 학습 부분에서도 마찬가지로 z를 샘플링해 생성자에 넣어주고 여기서 나온 가짜 데이터를 구분자에 전달합니다. 이 가짜 데이터가 진짜로 구분되는 것이 생성자의 목적이므로 1 라벨을 이용해 손실을 계산하고 모델을 업데이트합니다.

지금까지 GAN 모델의 기본적인 구조와 학습 방법을 알아보았습니다. 사실 이렇게 모델을 학습해도 결과는 그다지 좋지 않게 나올 텐데, 이것은 생성자와 구분자 모두 단순한 구조이기 때문입니다. Linear 함수 대신 합성곱 연산으로 바꾸고 모델의 레이어 수를 늘리면 이미지 데이터에 대해 더 그럴듯한 결과를 얻을 수 있습니다.

10.3 유명한 모델들과 원리

끝으로 GAN의 발전된 형태들과 가능성에 대해 알아보겠습니다.

DCGAN

먼저 2016년에 공개된, GAN에 합성곱 연산을 적용한 **DCGAN**deep convolutional GAN부터 알아보겠습니다. 이는 당시 좋은 성능을 내고 있었던 합성곱 신경망과 비지도학습의 한 종류인 GAN을 결합한 논문이자, 모델이 그냥 결과를 생성하는 것이 아니라 어떤 의미를 가지는 특성(또는 표현)을 학습하여 생성할 수 있다는 것을 보여주었습니다.

네트워크의 구조를 보면 다음과 같습니다. 앞 절에서 만든 모델은 완전연결로 이루어져 있지만 DCGAN의 생성자 네트워크는 전치 합성곱 연산을 통해 랜덤 노이즈로부터 데이터를 생성해냅니다. 구분자 네트워크 역시 합성곱 연산으로 이루어져 있습니다.

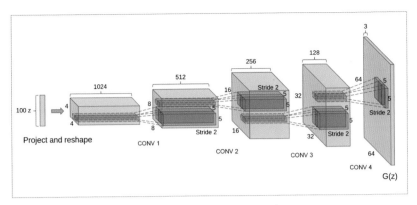

DCGAN 생성자 네트워크(*https://arxiv.org/pdf/1511.06434.pdf*)

실제로 모델을 학습시켜보면 GAN 모델들은 지도학습 작업에 비해 상당히 학습이 어렵습니다. 이 논문에서는 어떻게 학습시키면 학습이 잘되는지 몇 가지 사항을 추천해줍니다.

- 풀링 연산을 합성곱 연산으로 대체하고 생성자 네트워크는 전치 합성곱 연산을 사용한다.
- 생성자와 구분자에 배치 정규화를 사용한다.
- 완전연결 네트워크를 사용하지 않는다.
- 생성자 네트워크에는 마지막에 사용되는 하이퍼볼릭 탄젠트 함수 외에는 모든 활성화 함수에 렐루를 사용한다.
- 구분자 네트워크의 모든 활성화 함수로는 리키 렐루를 사용한다.

실제로 이 추천 사항을 적용해보면 학습이 더 잘되는 것을 어느 정도 확인할 수 있습니다. 그래서 이렇게 학습을 하면 어떤 이미지들이 생성될까요? 논문의 결과를 보겠습니다. LSUN이라는 이미지 데이터셋의 침실 사진들로 학습했을 때 결과로 나온 생성 이미지들입니다. 에폭이 늘수록 사람이 볼 때도 실제 같은 이미지들이 나오는 것을 확인할 수 있습니다.

DCGAN 에폭 1 학습 결과

DCGAN 에폭 5 학습 결과

당시 기준으로 결과도 상당히 훌륭했지만 더 중요한 것은 모델이 데이터를 외운 것이 아니라 어떤 특성들을 학습했다는 점입니다. 논문의 저자들은 길이 100짜리 벡터를 z로 사용했는데 z에서 다른 값들은 고정하고 하나의 값만 연속적으로 바꿔보면서 결과가 어떻게 변하는지 관찰했습니다. 이렇게 잠재 변수 z의 공간을 탐색하는 방식을 **잠재 공간 보간**latent space interpolation이라고 부릅니다.

잠재 변수 z의 인터폴레이션 결과

결과를 보면 z에서 한 요소의 값이 변함에 따라 생성되는 이미지가 부드럽게 변하는 것을 알 수 있습니다. 특히 6행을 보면 창문이 없던 방에서 창문이 생성되는 것을 볼 수 있는데, 이는 z에서 해당 부분이 창문의 유무와 크기에 대한 특성을 배웠다는 것을 보여줍니다.

다른 응용 사례도 있습니다. 6.4절에서 살펴본 것처럼 자연어 처리에서 사용하는 word2vec 모델이 있는데, 여기서는 모든 단어를 일정 길이의 벡터로 변환해서 이 변환된 벡터를 가지고 연산을 합니다. 이 모델의 잘 알려진 특성으로는 이 벡터 간의 연산이 가능하다는 점이 있습니다. DCGAN에서는 이것이 이미지에서도 가능함을 보여주었는데 그 예시는 다음 그림과 같습니다. '안경 쓴 남자'의 z에서 '안경 안 쓴 남자'의 z를 빼고 '안경 안 쓴 여자'의 z를 더해주면 그 벡터는 생성자를 통과하며 '안경 쓴 여자'가 되는 것입니다. 이러한 특성을 배우는 과정이 지도학습이 아닌 비지도학습을 통해서 가능하다는 점에서 굉장히 신선하고 충격적인 결과였습니다.

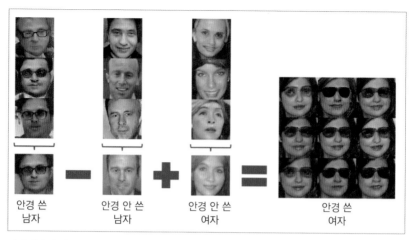

|안경 쓴 남자 | 안경 안 쓴 남자 | 안경 안 쓴 여자 | 안경 쓴 여자 |

잠재 벡터 간 연산의 결과

DCGAN 외에도 실제 데이터의 라벨을 추가 조건으로 생성자와 구분자에 전달했을 때 해당 라벨의 데이터를 생성해내는 조건부 GAN^{conditional GAN}(cGAN)이라든가, 이러한 라벨도 알아서 찾도록 유도하는 InfoGAN 등 다양한 시도와 흥미로운 활용 사례가 발표된 바 있습니다.

SRGAN

GAN을 활용한 재미있는 시도 중 다른 하나는 슈퍼 레절루션^{super-resolution}(SR) 작업에 GAN을 적용한 **SRGAN**^{super-resolution GAN}입니다. 슈퍼 레절루션이란 저화질의 이미지를 입력으로 받아서 고화질로 변환하는 작업입니다.

결과를 먼저 보면 다음과 같습니다. 왼쪽부터 순서대로, 딥러닝 모델들 이전에 흔히 사용되던 쌍삼차 보간^{bicubic interpolation}을 사용한 결과, 잔차 학습(5.7.3절 참고)을 SR에 이용한 SRResNet 결과, SRGAN을 사용한 결과, 원본 고화질 이미지입니다.

| bicubic (21.59dB/0.6423) | SRResNet (23.53dB/0.7832) | SRGAN (21.15dB/0.6868) | original |

SRGAN 결과(*https://arxiv.org/pdf/1609.04802*)

딥러닝을 사용한 두 모델이 확연히 결과가 좋다는 것은 금방 인식할 수 있을 것입니다. 다만 SRResNet 결과와 SRGAN 결과를 보면 선명함에서 좀 차이가 있다는 것을 발견할 수 있습니다. SRResNet은 학습 시 고화질 영상과 생성된 영상의 평균제곱오차를 최소화하는 방식으로 학습되지만, SRGAN의 경우는 평균제곱오차에 추가적으로 생성된 이미지가 진짜 고화질 영상인지 아니면 슈퍼 레절루션을 거친 이미지인지 구분하는 GAN 손실이 추가로 더해져 고화질 영상의 특성인 선명함이 생성에 영향을 주었습니다.

SRGAN은 GAN의 특성을 잘 활용한 사례라고 할 수 있습니다. 그렇다면 GAN의 어떠한 특성이 이런 결과에 도움이 되는지 조금만 더 살펴보겠습니다.

슈퍼 레절루션 작업에서 저화질 영상에서 고화질 영상으로의 변환은 경우의 수가 매우 많습니다. 세부적인 형태에 대한 정보가 사라진 상태이므로 그 세부적인 형태에는 다양한 경우의 수가 존재하게 되는 것입니다. 평균제곱오차로 모델을 학습하면 이 다양한 경우에 대해 가장 손실을 적게 만드는 평균적인 고화질 영상을 생성하므로 어딘가 흐릿한 영상이 생성되게 마련입니다.

하지만 GAN은 실제 데이터와 비슷한 영상을 만들어 구분자를 속여야 하므로 여러 가지 가능한 고화질 영상 중에서도 특정한 경우를 생성합니다. 이러한 특성을 **모드 붕괴**^{mode collapse}라고도 하는데 이는 생성자가 구분자를 속일 수 있는 특정 데이터만 만들어내는 현상을 말합니다. MNIST 데이터를 예로 들면 생성자가 어떤 z가 들어와도 0만 만들어내는 경우인데 다양한 생성물을 원하는 경우에는 이것이 단점으로 작용합니다. 하지만 이 특성이 슈퍼 레절루션의 경우에는 진짜 같은 특정 이미지를 만드는 데 기여합니다.

또 다른 GAN의 특성으로 **진동**^{oscillation}이 있습니다. 단어 뜻 그대로 생성된 결과가 계속 변하는 특성입니다. 학습이 이루어지는 동안 가능한 다양한 경우들을 왔다 갔다 하면서 결과를 생성하는 것이라고 보면 됩니다. MNIST 데이터를 예로 들면 특정 시점에는 어떤 z가 들어와도 0만 만들어내다가 이후 다른 시점에는 6을 만들어내고 나중에는 4도 만들었다가 9도 만들었다가 왔다 갔다 하는 현상입니다. 이러한 현상은 조건부 GAN처럼 추가적인 조건을 부여하면 완화되기도 합니다.

텍스트 이미지 합성

텍스트를 받아서 이미지를 생성하는 **텍스트 이미지 합성**^{text to image synthesis} 작업에 GAN이 사용되기도 합니다. 다음 그림은 이를 다룬 대표적인 논문에서 사용된 네트워크의 전체적 구조를 보여줍니다.

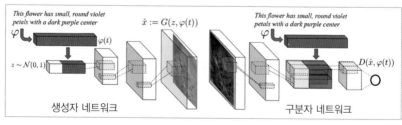

텍스트 이미지 합성 모델의 구조(*https://arxiv.org/pdf/1605.05396*)

먼저 특정 문장을 벡터화하고 이를 랜덤 노이즈와 함께 생성자 네트워크에 전달해 이미지를 만들어냅니다. 그리고 이 이미지는 구분자에 들어가는데 이때 추가적으로 기존에 벡터화했던 문장을 조건condition으로 넣어줍니다. 그렇게 되면 특정 문장을 조건으로 이미지를 생성해내고 같은 문장을 조건으로 생성된 이미지인지 진짜 이미지인지 구분하는 조건부 GAN 모델이 만들어지게 됩니다. 실제 이미지와 그 이미지를 묘사하는 텍스트 역시 구분자에게 전달되어 실제 데이터의 분포를 학습하게 됩니다.

Pix2Pix

이렇게 조건을 주고 데이터를 생성하는 모델 중 흔히 **Pix2Pix**로 불리는 논문이 있습니다. 앞에서는 텍스트를 조건으로 주고 이미지를 생성했다면 Pix2Pix에서는 이미지를 조건으로 주고 이미지를 생성하게 합니다. 다음 그림처럼 x라는 이미지를 조건으로 $G(x)$를 생성해냅니다. 이때 x와 $G(x)$를 쌍으로 구분자에 넣어서 두 이미지가 진짜 쌍인지 구분하게 합니다.

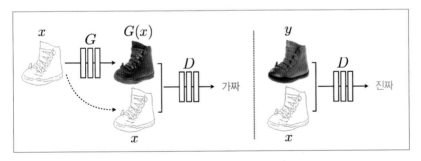

Pix2Pix 논문의 생성자와 구분자(*https://arxiv.org/pdf/1611.07004*)

이러한 방식은 굉장히 다양한 분야에 사용될 수 있습니다. 논문에서 실험한 다양한 예시는 다음과 같습니다.

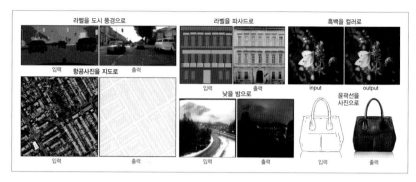

Pix2Pix 모델의 다양한 활용 범위

CycleGAN과 DiscoGAN

하지만 Pix2Pix 방식은 x와 $G(x)$의 실제 쌍 데이터가 필요하다는 단점이 있었고, 이를 극복한 모델이 바로 **CycleGAN**입니다(논문 제목을 보면 cycle-consistent adversarial network지만 흔히 CycleGAN이라고 부릅니다). 이 논문은 꼭 쌍이 없더라도 이러한 변환이 가능하다는 것을 보여줬습니다. 역시 결과를 눈으로 보는 게 더 이해가 빠를 것입니다.

학습 시 쌍이 필요 없는 CycleGAN 모델의 결과(*https://arxiv.org/pdf/1703.10593*)

이 네트워크의 구조는 비슷한 시기에 같은 아이디어를 담은 **DiscoGAN** 논문에
더 이해하기 쉬운 그림이 있으므로 그걸 살펴보겠습니다.

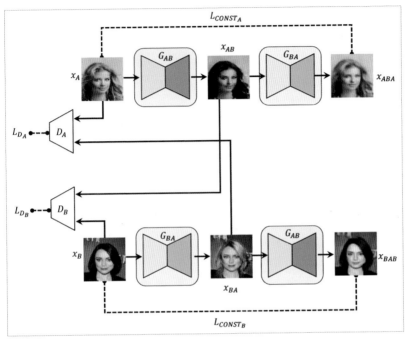

DiscoGAN의 구조(*https://arxiv.org/pdf/1703.05192*)

먼저 변환하고자 하는 데이터를 준비합니다. 예를 들어 머리 색을 금발에서 흑
발로 바꾸고 싶다면 금발 인물 사진을 여러 장 모으고 흑발 인물 사진을 여러 장
모읍니다. 이때 주의해야 할 점은 머리 색 말고 다른 조건들은 최대한 일정하게
유지해야 한다는 점입니다. 이미지 간의 변환이 비지도학습으로 이루어지므로
바꾸고자 하는 부분이 아닌 요소까지 개입이 되면 모델이 무엇을 배워야 할지
헷갈려하기 때문입니다. 예를 들어 이미지에서 인물의 수가 변하거나 하면 학습
이 제대로 안 되는 현상이 일어납니다.

데이터가 준비되면 학습을 진행하는데 이때 크게 두 가지 변환이 학습됩니다. A를 금발 데이터 도메인이라고 하고 B를 흑발 데이터 도메인이라고 하면 하나는 도메인 A에서 B로의 변환, 또 하나는 B에서 A로의 변환입니다. 그러면 각 도메인에서 변환된 생성 이미지들은 일반적인 GAN 모델처럼 구분자에 들어가서 생성된 이미지인지 아닌지 구분을 받습니다. 하지만 이것만으로는 변환의 대상이 되는 이미지의 형태를 잡아줄 수가 없습니다. 따라서 필요한 것이 복원reconstruction 손실 함수입니다. A에서 B로 변환된 이미지를 다시 A 도메인으로 복원했을 때 원본 입력 이미지와 복원 이미지의 절댓값 차이를 손실로 정의하고 이를 최소화하도록 학습하면, A에서 B로 변환할 때 다시 원본 이미지로 돌아갈 수 있도록 원본 이미지의 형태를 보존하면서도 B 도메인의 특성만 변환하게 됩니다. 즉 금발과 흑발 데이터에서는 머리 색만 바뀌게 되는 것입니다. 복원 손실 함수가 없다면 무작위의 금발 이미지만 생성하면 되므로 목표하는 변환과는 거리가 멀어질 것입니다.

지금까지 소개한 GAN 모델 말고도 엄청나게 많은 응용 모델이 나왔습니다. 모델의 학습을 안정화하는 방향, 이미지로 된 텍스트 같은 여러 종류의 데이터를 활용하는 방향, 더 사실적이고 고화질의 영상을 생성하는 방향 등 다양한 분야와 목적으로 GAN이 활용되고 있습니다.

INDEX

INDEX

INDEX

INDEX